Athlone French Poets

ALFRED DE MUSSET
Contes d'Espagne et d'Italie

ALFRED DE MUSSET

Contes d'Espagne et d'Italie

edited by

MARGARET A. REES

UNIVERSITY OF LONDON
THE ATHLONE PRESS
1973

Published by
THE ATHLONE PRESS
UNIVERSITY OF LONDON
at 4 Gower Street, London WC1

Distributed by
Tiptree Book Services Ltd
Tiptree, Essex

U.S.A. and Canada
Humanities Press Inc
New York

0 485 14703 3 *cloth*
0 485 12703 2 *paperback*

Printed in Great Britain by
The Garden City Press Limited
Letchworth, Hertfordshire
SG6 1JS

Athlone French Poets

General Editor EILEEN LE BRETON

This series is designed to provide students and general readers both with Monographs on important nineteenth- and twentieth-century French poets and Critical Editions of representative works by these poets.

The Monographs aim at presenting the essential biographical facts while placing the poet in his social and intellectual context. They contain a detailed analysis of his poetical works and, where appropriate, a brief account of his other writings. His literary reputation is examined and his contribution to the development of French poetry is assessed, as is also his impact on other literatures. A selection of critical views and a bibliography are appended.

The critical Editions contain a substantial introduction aimed at presenting each work against its historical background as well as studying its genre, structure, themes, style, etc. and highlighting its relevance for today. The text normally given is the complete text of the original edition. It is followed by full commentaries on the poems and annotation of the text, including variant readings when these are of real significance and a select bibliography.

E. Le B.

CONTENTS

INTRODUCTION

For a writer whose own feelings and experiences form the fabric of his works, Musset very rarely gives us a glimpse of the circumstances in which they were created. It is his elder brother, Paul, who tells us that the first lines of 'La Nuit de mai' came into Alfred's head as he walked beneath the chestnut trees in the Tuileries and that the poem was completed, as many of his other great works were, in a room so ablaze with lights to welcome the muse that the neighbours must have thought a party was in progress.[1] We can only guess that when ideas for some of the *Contes d'Espagne et d'Italie* were stirring in his mind, he may have retreated to his room as he did to write 'La Nuit d'août', throwing open the windows and filling four great vases with flowers on which the light played from as many candles as he could find.

We know from Paul's biography that, apart from a poem written for his mother's birthday when he was fourteen, the first lines of Alfred's poetry came into being in the Spring of 1828. Madame de Musset had rented a flat in a large house at Auteuil, and after spending the day in Paris studying art, Alfred would often walk back through the Bois de Boulogne with a book for company. One day he had chosen a volume of André Chénier's verse and was so enchanted with what he read that he took the longest way home through the Bois, and soon reading gave way to creation. Between Paris and Auteuil on two successive evenings he composed some two hundred lines of a poem beginning:

> Il vint sous les figuiers une vierge d'Athènes,
> Douce et blanche, puiser l'eau pure des fontaines,
> —De marbre pour les bras, d'ébène pour les yeux.
> Son père est Noëmon de Crète, aimé des dieux.
> Elle, faible et rêvant, mit l'amphore sculptée
> Sous les lions d'airain, pères de l'eau vantée,
> Et féconds en cristal sonore et turbulent . . .

This cool Grecian picture reminiscent of Chénier is a far cry from the hot colours of the *Contes d'Espagne et d'Italie*, but soon

Musset's homeward walks produced a 'ballade' and then a play in the Romantic manner, both of which works he burned later. He felt differently, however, about the first of his lines that he saw in print. A friend, Paul Foucher (brother-in-law of Victor Hugo), had published some of his own verse in a Dijon periodical called *Le Provincial*, and he suggested that Alfred should submit some of his work to the same editor. Success came with his first attempt, and on 31 August 1828 *Le Provincial* printed a poem which had taken shape as earlier efforts had done in the woods around Auteuil. In a minor way this first publication presaged the critical storms that arose later over the *Contes d'Espagne et d'Italie*, for the member of the periodical's staff who handled 'Un Rêve', as Musset's poem was called, prefaced it with an apology to his readers for offering them such an advanced example of the Romantic style. On this occasion the final word was in Musset's favour, for the general editor added a note declaring that no apologies were necessary for printing such a charming piece of fantasy. Although Alfred later contributed regularly to such illustrious periodicals as the *Revue des Deux Mondes*, Paul tells us that the copy of *Le Provincial* which contained these lines never lost its pride of place among his papers.

The twenty-one stanzas of 'Un Rêve',[2] left on one side when Musset came to prepare the complete edition of his poetry, make no secret of being written under the banner of the Romantic group led by Hugo. One of Musset's charming 'marquises', although not Andalusian this time, is already on stage and so too is a slightly unconventional moon, 'ronde et chauve', preparing its entrance to the sensational 'Ballade à la lune'. There is a personal note in the delirious visions which fill the lines, for Musset had known since childhood what it was to have hallucinations and later terrified George Sand when, during what should have been an idyllic stroll through the forest of Fontainebleau at night, he suddenly saw running through the undergrowth an apparition with a ravaged face, a vision of himself as he might become in the future. The rest of the lines are made up of subject matter common to the Romantic group. After an opening which brings to mind Keats's 'The Eve of St. Agnes,' the poem talks of less than virtuous monks, a dwarf, torture, nuns, a mistress suddenly transformed into a gory corpse, and finally a midnight wind soughing through dark mansions and driving owls from the nooks and crannies.

This was the sort of melodramatic fare that pleased many young Romantics, but there was also among the circle to which Musset had been introduced, again by Paul Foucher, an intoxicated delight in poetry itself, poetry which seemed to them to have sprung to new life, rich in colour and sensations, after being chained by Classical conventions. Théophile Gautier in his *Histoire du Romantisme* (1874) describes in a poet's words the sort of heady atmosphere into which Musset was plunged,[3] and Musset himself captures the spirit of creative youth and gaiety that he found in the gatherings at Hugo's house or at the Arsenal library where Charles Nodier was curator:

> Gais comme l'oiseau sur la branche,
> Le dimanche,
> Nous rendions parfois matinal
> L'Arsenal.

> La tête coquette et fleurie
> De Marie
> Brillait comme un bluet mêlé
> Dans le blé.

> Tachés déjà par l'écritoire,
> Sur l'ivoire,
> Ses doigts légers allaient sautant
> Et chantant;

> Quelqu'un récitait quelque chose,
> Vers ou prose,
> Puis nous courions recommencer
> A danser.

> Chacun de nous, futur grand homme,
> Ou tout comme,
> Apprenait plus vite à t'aimer
> Qu'à rimer.

> Alors, dans la grande boutique
> Romantique,
> Chacun avait, maître ou garçon,
> Sa chanson.

> Nous allions, brisant les pupitres
> Et les vitres,

Et nous avions plume et grattoir
  Au comptoir.

Hugo portait déjà dans l'âme
  Notre-Dame,
Et commençait à s'occuper
  D'y grimper.

De Vigny chantait sur sa lyre
  Ce beau sire
Qui mourut sans mettre à l'envers
  Ses bas verts.

. . .

Et moi, de cet honneur insigne
  Trop indigne,
Enfant par hasard adopté
  Et gâté,

Je brochais des ballades, l'une
  A la lune,
L'autre à deux yeux noirs et jaloux,
  Andaloux.

('Réponse à M. Charles Nodier', August 1843)

Small wonder that, in the midst of this enthusiasm for literature, Musset's own poems began to flow faster and faster. He had been depressed to discover that the Sorbonne course in law bored him beyond endurance, and his transfer to the Faculty of Medicine lasted only until the first dissection of a corpse in the class of descriptive anatomy. His fears that he would never find a career which suited him had been allayed by his art teacher, who assured him that he had the talent to become a painter if he wished, but now the warm encouragement of the Romantic writers helped him to discover what was in fact to be his vocation. Few eighteen-year-old poets can have had a more confidence-inspiring welcome from a contemporary literary circle. Sainte-Beuve, woken one morning by Musset who had come to announce laughingly that 'Moi aussi, je fais des vers' and to recite some of his lines as proof, wrote a few days later to a friend: 'Il y a parmi nous un enfant plein de génie', and later described him as the very incarnation of youthful genius.[4]

In appearance as in ability Musset fitted exactly most people's idea of a young poet as well as corresponding to the image of a certain type of Romantic hero. Lamartine took note of the new-comer to the gatherings:

C'était un beau jeune homme aux cheveux huilés et flottants sur le cou ... Un front distrait plutôt que pensif; deux yeux rêveurs plutôt qu'éclatants (deux étoiles plutôt que deux flammes); une bouche très fine, indécise entre le sourire et la tristesse; une taille élevée et souple, qui semblait porter, en fléchissant déjà, le poids encore si léger de sa jeunesse, un silence modeste et *habituel* au milieu du tumulte confus d'une société jaseuse de femmes et de poètes, complétaient sa figure.[5]

This picture was slightly out of focus because of Musset's awe at finding himself in the presence of such a great poet; others who knew him commented rather on his spirited and vivacious look.

Hugo, commander of the Romantic brigade that was engaged in storming the literary barricades of pseudo-Classicism, was less quick or less ready than Sainte-Beuve to recognise the quality of his new recruit. He is quoted as saying, 'Vous mettez Alfred de Musset trop haut. C'est un de ces artistes éphémères avec qui la gloire n'a rien à faire, et dont la réputation n'est qu'un caprice de la mode!' 'Soap bubbles which burst in the lightest breeze' was one of his judgments of Musset's work,[6] and perhaps it is not surprising that a man of Hugo's high seriousness should mistrust a youth who affected all the flippancy embodied in the hero of his play *Fantasio*, and who was soon to disavow his allegiance to the Romantics. The two are said to have been reconciled after various differences of opinion when they met at a dinner in 1843, and Hugo gave proof of his new approval by voting for Musset at his unsuccessful attempt to be elected to the Academy in 1850.

The poems which Musset was composing with a view to reading them to the Cénacle and which he gathered together in the *Contes d'Espagne et d'Italie* hint that they are not the work of a young man who moved in literary circles only. Paul relates how an editor whispered to him as they left a ball with Alfred in the Winter of 1828: 'N'en doutez pas, votre frère est destiné à devenir un grand poète; mais en lui voyant cette figure-là, cette vivacité aux plaisirs du monde, cet air de jeune poulain échappé, ces regards qu'il adresse aux femmes et ceux qu'elles lui renvoient, je crains fort pour lui les "Dalila".'[7] By this time Alfred had shown that he did indeed share the 'vivacité aux plaisirs du monde'

which was given full rein among the aristocratic and wealthy
young men of his generation, the 'jeunesse dorée'. Literary and
artistic circles did not satisfy his social needs, but neither could
his financial resources cope with the expensive tastes of the high
society in which his family name made it natural enough for
him to move. In his 'nouvelle', *Les Deux Maîtresses* (*R.D.M.*,
1 November 1837), Musset presents Frédéric who suffered as his
creator did from 'peu de fortune et un grand amour du plaisir'.

Son ton léger, son chapeau de travers, son air d'enfant prodigue en
joyeuse humeur, vous eussent fait revenir en mémoire quelque 'talon
rouge' du temps passé. Le jour suivant, vous n'auriez vu en lui qu'un
modeste étudiant de province se promenant un livre sous le bras.
Aujourd'hui il roulait carrosse et jetait l'argent par les fenêtres; demain
il allait dîner à quarante sous. Avec cela, il recherchait en toute chose
une sorte de perfection et ne goûtait rien qui fût incomplet. Quand il
s'agissait de plaisir, il voulait que tout fût plaisir, et n'était pas homme
à acheter une jouissance par un moment d'ennui. (L' Intégrale, p. 652)

In this spirit Musset spent all he had, and more, on clothes
which were the height of fashion, on hiring horses, and joining
his friends in their supper-parties and card games. Sometimes
heavy gambling losses would drive him into a fit of remorse which
he dramatised by taking refuge in his room and draping himself
in an immense yellow greatcoat, but at other times he justified
his extravagances, when his brother remonstrated, by putting
them down as valuable experience.

Précisément, parce que je suis jeune, j'ai besoin de tout connaître, et je
veux tout apprendre par expérience et non par ouï-dire. Je sens en moi
deux hommes, l'un qui agit, l'autre qui regarde. Si le premier fait une
sottise, le second en profitera. Tôt ou tard, s'il plaît à Dieu, je payerai
mon tailleur. Je joue, mais je ne suis pas un joueur, et quand j'ai perdu
mon argent, cette leçon vaut mieux que toutes les remontrances du
monde. (*Biographie*, p. 23)

It is true that the *Contes d'Espagne et d'Italie* gained from his ex-
periences passages that would surely have been far less realistic
if Musset had had to supply them from his imagination alone,
and the rate at which the poems accumulated suffered far less
from his social life than might have been expected. After a late
supper-party, when most people would have staggered to their

beds, Musset would sit down to write fifty lines or so of poetry.

Meanwhile he had already encountered his first Delilah in the highly Romantic guise of a beautiful consumptive, who was coquettish, witty and a gifted musician. It was unfortunate for Musset that in her dealings with him she was also calculatingly heartless. His earliest letters to be preserved, written to Paul Foucher during the summer holidays after leaving school, had returned constantly to the theme of his longing for love and his hope of finding a wife, of the way in which writing poetry and being in love were inseparable for him. 'When I no longer fall in love as easily as I catch cold, I shall no longer write', he prophesied, adding that if only during the next months he could meet the girl who would be his bride, neither a profession nor anything else would matter to him any more.[8]

This point of time when he could write with such idealism, and reveal such a hunger and a potential capacity for affection, was also the moment when Musset was poised on the brink of a profligate, cynical part of Parisian society. The fact that at this perhaps crucial stage in his life he met not the bride he dreamed of but a married woman, who was in any case incurably ill, and who encouraged his attentions to use him as a shield so that her husband should not suspect the man who was in fact her lover, may well have had tragic consequences for his later life. After he had discovered the truth, and had fallen in love with another woman who claimed to return his feelings, only to stoop one day to retrieve a napkin that had fallen under the dinner-table, and find her leg entwined with that of one of his friends, it is not surprising that the touches of cynicism in his poems have a greater ring of truth than if they were merely a Byronic pose. Throughout the rest of his life one of the reefs on which his love-affairs foundered was his inability to trust the women he loved.

It was the mundane matter of a brief incursion into the business world that spurred Musset on to complete the *Contes d'Espagne et d'Italie*. His father had found him a post, to his dismay, in the office of a firm of military heating engineers and, although his employers were far from demanding, nothing about the job appealed to Musset except the regular arrival of his salary. If becoming a professional writer by dint of publishing a volume of verse would set him free, he was determined to lose no time in doing so. The publisher Urbain Canel, well known for the financial risks he took to help Romantic authors, promised to print the poems which had been amassing if another five hundred lines could be added to make up a volume of the required length. Musset may often have been accused of laziness, but on this occasion he had the most powerful of spurs. He took three weeks' holiday from his firm, set off for Le Mans on 27 August 1829 to stay with his uncle, and returned to Paris on 19 September, triumphantly bringing with him close on six hundred lines in the form of his poem 'Mardoche'. He celebrated Christmas Eve that year by inviting Vigny, Mérimée and others of the Romantic coteries to his father's house to listen to a reading of 'Don Paez', 'Portia', and 'Mardoche'. Some of the guests had already heard the first two recited, but 'Mardoche' was new to them and they received it with a deafening enthusiasm which promised well for the success of the volume as a whole when it was released from the printers in January 1830.

From the very nature of the literary climate, with storms raging between supporters of the Romantics and readers who still clung to Classical tenets, the *Contes d'Espagne et d'Italie* were bound to provoke an uproar, since they provided a convenient battle-ground for partisans of both sides to carry on the fight. As with *Hernani*, far more was involved than the actual work under consideration. The Romantics were loud in their praises of this 'enfant superbe'. Alexandre Dumas, who twenty-seven years later wrote a series of articles on Musset after his death (*Monte-Cristo*, 23 July, 6, 20, 26 August, 3 September 1857), shows a genuine appreciation of the young poet, 'un de ces privilégiés qui pour leur coup d'essai veulent des coups de maître'. He describes his excitement on reading the *Contes*:

Ces vers avaient une qualité, ils étaient vivants; ce n'était ni du Lamartine, ni du Hugo, ni du Vigny; c'était une fleur du même jardin, c'est vrai; un fruit du même verger, c'est vrai encore; mais une fleur ayant son odeur à elle, un fruit ayant son goût à lui.

For such perspicacious readers the volume was more than just a convenient brickbat in the literary fight. Dumas goes on to justify Musset on the charge of imitating Byron. The similarities with Byron are obvious, he says, but there is no question of servile imitation. According to him, the critics might have said with reason, 'Vous avez des analogies de tempérament avec Byron, vous êtes son parent . . ., vous marchez parfois de la même allure que lui.' This is one of the few criticisms which Musset himself troubles to take up, in a stanza which contains one of his most quoted lines:

> Je ne fais pas grand cas, pour moi, de la critique.
> Toute mouche qu'elle est, c'est rare qu'elle pique.
> On m'a dit l'an passé que j'imitais Byron:
> Vous qui me connaissez, vous savez bien que non.
> Je hais comme la mort l'état de plagiaire;
> Mon verre n'est pas grand, mais je bois dans mon verre.
> C'est bien peu, je le sais, que d'être homme de bien,
> Mais toujours est-il vrai que je n'exhume rien.
> ('La Coupe et les Lèvres', Dédicace à M. Alfred Tattet)

Espronceda, one of the main figures in Spanish Romanticism, met with similar accusations of being a shadow of Byron, but he too seems rather to bear out the idea touched on by Dumas, that a period in civilisation may produce artists who, without imitating each other, seem related aesthetically, although they belong to different countries or different media, as Chopin and Musset do for instance.

On the whole Musset had reason to be pleased, not only with the amount of attention his first volume attracted, but with the amount of praise it received. Pierre Gastinel in his book *Le Romantisme d'Alfred de Musset* (Hachette, 1933) has sifted all the reviews and found that eight out of fifteen—in *Le Globe*, *Le Courrier français*, *Les Débats*, *Le Figaro*, *Le Nouveau Journal de Paris*, *La Quotidienne*, *Le Temps*, *Le Lutrin*—were favourable. Philarète Chasles, one of the best known critics of the day, wrote a hostile review in the *Revue de Paris* (March 1830), and he was echoed by six other journalists. This was a far more encouraging début in poetry than Musset made in the theatre on 1 December that year, when *La Nuit vénitienne* foundered amid the utter pandemonium of an audience who refused to give it a hearing, but his respect for critics was probably not enhanced by the fact that they concentrated on the more sensational poems, such as 'Les Marrons du Feu' and especially 'Ballade à la lune' which became a 'succès de scandale' and was promptly parodied in the periodical *Pandore*.

In his biography Paul describes how Alfred, as a sixth-former, would enthusiastically explore to its limits every philosophical idea that was expounded to the class and then allow doubt its turn before forming his own judgment of the tenet's value. In the years which produced the *Contes d'Espagne et d'Italie* his approach to Romanticism is exactly the same. His very first writings, such as 'Un Rêve' and a play which he never published, 'La Quittance du Diable' (written in 1830), show him exploring the subject matter and style of the Romantics. Even if no date of composition were known, almost all the *Contes d'Espagne et d'Italie* too could easily be identified as the work of someone associated with the Cénacle. Yet, while he was still writing them, Musset had moved away from his first attitude of discipleship. He had certain inborn qualities—an acute and ironical critical sense, a feeling for good taste—which are usually associated with eighteenth-century France, and which were occasionally lost from sight in the first revolutionary fervour of Romanticism. Even before 'L'Andalouse' was printed, Musset had changed his heroine's original name, 'Ameoni', forming a rich rhyme with 'bruni', to 'Amaëgui'. He had already begun to rebel against what seemed to him the Romantics' undue preoccupation with rhyme, and by the time he came to dedicate 'La Coupe et les Lèvres' to his dandy friend Alfred Tattet, the rebellion was complete:

> Vous trouverez, mon cher, mes rimes bien mauvaises;
> Quant à ces choses-là, je suis un réformé.
> Je n'ai plus de système, et j'aime mieux mes aises;
> Mais j'ai toujours trouvé honteux de cheviller.
> Je vois chez quelques-uns, en ce genre d'escrime,
> Des rapports trop exacts avec un menuisier.
> Gloire aux auteurs nouveaux, qui veulent à la rime
> Une lettre de plus qu'il n'en fallait jadis!
> Bravo! c'est un bon clou de plus à la pensée.

As for content and manner, 'Ballade à la lune' was already a parody, although not everyone recognised it as such, and the dedication of 'La Coupe et les Lèvres' includes lines which attack another aspect of contemporary writing, Romanticism à la Lamartine:

Vous me demanderez si j'aime la nature.
Oui;—j'aime fort aussi les arts et la peinture.
Le corps de la Vénus me paraît merveilleux.
La plus superbe femme est-elle préférable?
Elle parle, il est vrai, mais l'autre est admirable,
Et je suis quelquefois pour les silencieux.
Mais je hais les pleurards, les rêveurs à nacelles,
Les amants de la nuit, des lacs, des cascatelles,
Cette engeance sans nom, qui ne peut faire un pas
Sans s'inonder de vers, de pleurs et d'agendas.
La nature, sans doute, est comme on veut la prendre.
Il se peut, après tout, qu'ils sachent la comprendre;
Mais eux, certainement, je ne les comprends pas.

The young man who had been abashed to find himself in Lamartine's presence had developed considerably as an artist before he wrote these words.

The very fact of seeing his poems in print is said to have speeded up this process of abandoning the exaggerations of contemporary literature and seeking for his own personal style. The best reviewers of his first volume had urged him to do just this, and as early as February 1830 his father mentioned in a letter to a friend that Alfred 'se déromantise'. By 19 September he could write: 'Le Romantique se déhugotise tout à fait'.[9] Musset's first important publication presents us, then, with a work which has an assured place in literary history as one of the forward thrusts of the Romantic movement and yet whose author, already disenchanted with some of the school's precepts, was setting off on an independent train of thought which would soon make him break with Hugo's group. What proportions of Romanticism and independence mingle together in the poems that form the *Contes d'Espagne et d'Italie*?

The very title of the collection places it firmly at the height of contemporary fashion. The Classical tradition had anchored much of French literature in a setting taken from ancient Greece or Rome, though exotic touches from other foreign lands had regularly found their way into writings such as Montesquieu's *Lettres persanes* and the other works which delighted eighteenth-century taste for the Orient. By the time the *Contes d'Espagne et d'Italie* were written, determined to destroy every pillar in the Bastille of Classical tradition, the Romantics had opened the gates wide to a flood of exoticism. This trend had been growing in strength since the beginning of the century, helped by Bernardin de Saint-Pierre, Chateaubriand, and Madame de Staël. Increasing numbers of Frenchmen travelled to other parts of the world (sometimes under duress, as when Napoleon poured his troops into Spain, Italy, Austria and Russia), and returned to France with tales which added to the growing interest in far lands. Many of them, whether professional writers or not, published accounts of their experiences, accounts varying between the scrupulously objective narrative and the wildly exaggerated stories which flourished when men entered a hostile territory as invaders. Facts and fiction alike added to the rapidly swelling volume of knowledge and concepts until the Romantics, both writers and readers, shared a set of received ideas, their image of Italy and the Italians, Spain and the Spaniards. Some authors measured this vision against reality by seeing a land for themselves, but sometimes their eyes were so full of what they had imagined before setting off on their journeys that they managed to imprint their dreams over what lay before them. Alexandre Dumas left for a visit to Spain with his son and a boisterous group of friends, all determined to ferret out the Spanish brigand they had heard so much about. Dumas forced his muleteers to pass through one notorious spot and was bitterly disappointed not to be held up at pistol point. 'Ohé! les voleurs de Castro de Rio, où sont-ils?' shouted his son at the top of his voice. 'Ohé! los ladrones de Castro de Rio, ¿donde sonos (*sic*)?' joined in his friend Desbarrolles.[10] Small wonder that the Spaniards themselves began to object to the sort of image that foreign works, typified by the *Contes d'Espagne et d'Italie*, gave of their country. 'Quand donc sera terminé cet éternel portrait de l'Espagne stéréotypé par nos voisins?' demanded one Spaniard of a visitor.

Quand cessera-t-on de nous représenter comme un pays frivole, bon à faire rêver les amateurs d'architecture Mauresque, ou à réveiller par nos femmes, nos danses nationales et nos courses de taureaux, les sens engourdis de la vieille Europe diplomatisée? Nous sommes visités chaque année par des voyageurs de toutes les nations, et jusqu'à présent, à part quelques rares exceptions, qui donc a daigné nous prendre au sérieux? Quant aux Français, ils sont devenus si graves avec leurs mœurs parlementaires, qu'ils n'ont plus guère que quelques hommes mûrs

pour représenter la gaîté proverbiale de leur nation. Héritiers des traditions du vieux Figaro, ils ne cherchent chez nous que jaloux et verroux, œil noir, grille et mantille. Ces céladons qui débarquent en Andalousie sur la foi d'une poétique toute faite, se trouvent déçus eux aussi; mais comme ils sont venus en Espagne pour recueillir à tout prix de la couleur locale, ils en cherchent dans tous les actes de notre vie extérieure, ou, ce qui est plus tôt fait, ils en inventent . . .
(A. de Démidoff, *Etapes maritimes sur les côtes d'Espagne*, Florence, 1858, pp. 7–8)

Both Italy and Spain, often undistinguished from each other, grew more and more popular with the French public, and not only in the sphere of the arts. Dark girls began to cultivate a 'Spanish' look, and a newspaper of the time describes a fashionable wedding at which the bride wore a dress modelled on the Spanish style. For the Romantic writers the Mediterranean lands, as they were either in reality or in imagination, provided a store-house overflowing with the material they needed—vivid colours, the interest of strange customs, violent deeds and matching emotions. The Orient and the 'frozen North' were other routes often taken by Romantic dreams; later in the century Russia began to fascinate the literary world; but when Musset published his first collection of poetry, the Mediterranean seems to have headed the popularity poll.

From many points of view the way in which Musset treats his theme is as typical of the period as the choice of subject itself. So charmingly does he tell these fairy stories for adults that, except for those people who are allergic to Romantic charm, it takes a conscious effort to shake off the spell long enough to examine the magical land he creates. Very soon one has a strong suspicion that it meant no more to Musset than to many of his readers whether the scene was supposed to be set in Spain or Italy. Just as the early theatre used a few conventional stage properties to indicate the setting, so Musset, in common with many contemporary writers, adds a gondola or mantilla to indicate that the cloud-cuckoo-land of the Romantics' dreams is appearing in the guise now of Italy, now of Spain. Occasionally the stage properties are mixed up, and La Camargo uses an image which would have belonged more properly to Don Paez:

> ... Le front des taureaux en furie
> Dans un cirque, n'a pas la cinquième partie
> De la force que Dieu met aux mains des mourans.
>   ('Les Marrons du Feu', ll. 89–91)

Within the two countries Musset limits himself geographically
to the one or two key places to which the Romantic image reduced
each land. Italy is Venice, Rome or Florence; Spain is Madrid,
with a stray reference to Barcelona, Tolosa and the Guadalete,
every area being liberally supplied with the Andalusian beauties
from among whom the heroine must be drawn in any French
Romantic tale of Spain.

The reader scarcely needs to be told that, like many of his
contemporaries, Musset is finding enjoyment in portraying lands
he has never seen, taking the few fragments of local colour he
uses and his conception of national character from the pool of
general knowledge and from other literature, although his study
of art had given him a more intimate knowledge of Italy through
its paintings. The poetic worlds which he built from these scant
resources were themselves, because of the success of the *Contes
d'Espagne et d'Italie*, to feed other men's minds with ideas of
what the two countries were like, so that Gautier set off for Spain
hoping to see 'l'Espagne de mes rêves, l'Espagne du romancero,
des ballades de Victor Hugo, des nouvelles de Mérimée et des
contes d'Alfred de Musset' (*Tra los montes*, 1843, p. 17). In fact
Hugo and Musset are mentioned more often than any other
authors when travellers talk in the years after 1830 of their previous
acquaintance with Spain. One French writer describes a
beautiful carriage-companion as 'passionnément pâle, en un mot,
une vraie marquise d'Amaëgui' (A. de Metz-Noblat, *Bluettes par
un Touriste*, Nancy, 1858, p. 166), and a diplomat in the Duke of
Montpensier's wedding retinue claims that he and his friend
knew all Hugo's and Musset's poetry by heart, reciting it to each
other as they travelled through Spain (A. Achard, *Un Mois en
Espagne*, 1847, p. 172).

Musset would probably have been amused at the same time
as delighted to think of his poems forming part of travellers'
luggage, whether literally or mentally, for whatever he set out to
write in the *Contes d'Espagne et d'Italie* it was certainly not a
travelogue in verse. One feels that the Madrid of 'Don Paez' is

neither more nor less real to him than the Oriental palace which he and his brother constructed from furniture and books after reading the *Arabian Nights* while they were convalescing from a childhood illness. Hugo in his *Préface de Cromwell* (1827) had advised that foreign countries appearing in the works of his followers should be studies in depth, and described in accurate detail. To see how thoroughly he himself observed this principle, one has only to glance at the immensely long, colourful instructions which precede almost every act of his plays, dealing with costume, furnishing, stage architecture, and landscapes. The prefaces to these plays leave the reader in no doubt that this physical presence of the country described is an important aspect of the work as a whole, and many of this generation of writers eagerly followed Hugo's example, sometimes with more eagerness than discretion. Musset, always more ready to take on the guise of jester than pedant, makes no claims at all to accuracy or thoroughness. An atmosphere of fantasy, of light-hearted un-concern for reality prevails in the poems, but nevertheless his dream-cities give the impression of having been created with the affectionate care with which Musset treated things that appeared beautiful to him. He was quick enough to ridicule the Romantics, but it is hard to believe that when he wrote the *Contes d'Espagne et d'Italie* he was not as much under the spell of imagined Mediter-ranean lands as they were.

The Spanish and Italian women in the *Contes* are perhaps the most conventional element in the work. Each one is a copy of the same ebony-haired, black-eyed, passionate model that posed everywhere in Romantic literature at this time—a type which was to be epitomised later in the Spanish gypsy heroine of Mérimée's tale, *Carmen* (1845). Vigny was among those who had already written a 'conte d'Espagne' with just such a heroine. His Spanish beauty is Dolorida, who murders her faithless lover:

> Jamais, dans nulle église, on ne vit plus beaux yeux
> Des grains du chapelet se tourner vers les cieux;
> Sur les mille degrés du vaste amphithéâtre
> On n'admira jamais plus belles mains d'albâtre,
> Sous la mantille noire et ses paillettes d'or
> Applaudissant, de loin, l'adroit toréador!

Mais, ô vous qu'en secret nulle œillade attentive
Dans ses rayons brillants ne chercha pour captive,
Jeune foule d'amants, Espagnols à l'œil noir,
Si sous la perle et l'or vous l'adoriez le soir,
Qui de vous ne voudrait (dût la dague andalouse
Le frapper au retour de sa pointe jalouse)
Prosterner ses baisers sur ces pieds découverts,
Ce col, ce sein d'albâtre, à l'air nocturne ouverts,
Et ces longs cheveux noirs tombant sur son épaule,
Comme tombe à ses pieds le vêtement du saule?

('Dolorida', ll. 19–34)

Juana in 'Don Paez' has the look of a twin sister to Dolorida:

Sourcils noirs, blanches mains; et pour la petitesse
De ses pieds, elle était Andalouse, et comtesse.
. . .
Comme elle est belle au soir! Aux rayons de la lune,
Peignant sur son col blanc sa chevelure brune!
Sous la tresse d'ébène on dirait, à la voir,
Une jeune guerrière avec un casque noir!

(ll. 61–2, 413–16)

'L'Andalouse' of 'Barcelone' has the same cascading hair, this time described as 'plus longue qu'un manteau de roi', and wears the same characteristic mantilla and basquiña that were the Romantic uniform for Spanish heroines. Not for Musset at this period in his career the detailed research which Hugo carried out into costumes, so that even the duenna who appears only in Act I of *Hernani* is meticulously described as being 'en noir, avec le corps de sa jupe cousu de jais, à la mode d'Isabelle la Catholique' (I.i). It must be admitted, though, that Hugo's elaborate instructions often stop short of his heroines' dress, which is usually as simplified as that of Musset's Juana and Vigny's Dolorida; Doña Sol in *Hernani* and the Queen in *Ruy Blas* wear the pure white which symbolises their angelic purity.

Yet if the women in the *Contes d'Espagne et d'Italie* share some characteristics with the majority of Spanish and Italian heroines, most of them establish themselves as originals by some bold or unusual detail. Musset was young enough to revel in the Romantics' liking to shock their readers. His Marquesa d'Amaëgui is no angelic figure but 'ma lionne', a phrase calculated to raise the blood pressure of any reactionary reader of those days, used to the carefully restricted 'good taste' of Classical vocabulary, and the Andalusian princess in 'Madrid' has none of the traditionally acceptable roses and lilies in her complexion: 'Elle est jaune comme une orange' (l. 29).

The Italian women Musset portrays at any length, the heroine of 'Portia' and La Camargo in 'Les Marrons du Feu', are rare specimens indeed in Romantic literature, since both are heroines of whom the author gives us no definite picture. Yet he surrounds Portia with an aura of delicate beauty that makes her the first of the exquisite series of young girls who appear in his works. He shows her falling asleep after a masked ball, and asks:

> Qui ne sait que la nuit a des puissances telles
> Que les femmes y sont, comme les fleurs, plus belles,
> Et que tout vent du soir qui les peut effleurer
> Leur enlève un parfum plus doux à respirer?

Her husband looks down at her,

> . . . si fraîche épanouïe,
> Si tranquille, si pure, œil mourant, front penché,
> Ainsi qu'un jeune faon dans les hauts blés couché.
> (ll. 99–102, 104–6)

These Mediterranean beauties who figure in the *Contes* may all be models of the same doll that the Romantics had fashioned for themselves, but already Musset has the dramatic skill to give a different character to each of those who appear in the longer poems. Juana is a petulant coquette; La Camargo, like Belcolore at the end of 'La Coupe et les Lèvres', is a melodramatic virago whose love is scorned; Portia is all youth and freshness. Above all, these supposed Spaniards and Italians shed any stereotyped stiffness to become convincingly alive when they are shown with their lovers. From Portia, who lies at Dalti's feet,

> Puis elle l'admirait avec un doux sourire,
> Comme elles font toujours . . . (ll. 223–4)

to the transports of Juana ('Don Paez', ll. 63–72), the Marquesa d'Amaëgui ('Barcelone', ll. 26–35), and the nameless widow in 'Madrid' (ll. 31–6), they suggest that here at least the teen-age poet was describing territory that was not unfamiliar to him.

Of the heroes' appearance we know almost nothing, for again Musset fights shy of the Romantics' usual love of luxuriant detail. Apart from described action, there is little more than two brief glimpses to help us picture the men who play opposite Juana, La Camargo and Portia. Even these two fragments show the heroes in movement, but if Musset is unusually chary of static descriptive passages, the poses in which he depicts Don Paez and Dalti are completely typical of the Romantic hero. Don Paez, like any good Spaniard in French Romantic fiction, muffles himself in his cape to leave his mistress and go out into the night:

> Il jeta son manteau sur sa moustache blonde,
> Et sortit; l'air était doux, et la nuit profonde;
> Il détourna la rue à grands pas, et le bruit
> De ses éperons d'or se perdit dans la nuit.
>
> (ll. 109–12)

Somehow Musset manages to give even such a hackneyed scene as this a ring of poetry. Dalti too is glimpsed in the darkness, and in silhouette rather than close-up. Hugo's group was enchanted with the picturesqueness of the Middle Ages and the Renaissance, and here we see what is apparently a young nobleman with all the panoply of charger, dagger and waving plume, galloping through the night. Musset pretends to be as ignorant of his hero's mission as any by-stander:

> Où donc vas-tu si vite? et pourquoi ton coursier
> Fait-il jaillir le feu de l'étrier d'acier?
> Ta dague bat tes flancs, et ta tempe ruisselle;
> Jeune homme, où donc vas-tu? qui te pousse ou t'appelle?
> Pourquoi comme un fuyard sur l'arçon te courber?
> Frère, la terre est grise, et l'on y peut tomber.
> Pourtant ton serviteur fidèle, hors d'haleine,
> Voit de loin ton panache, et peut le suivre à peine.
>
> ('Portia', ll. 173–80)

Romanticism meant mystery, and many of its heroes, like Hernani and Dalti, were creatures of the night.

Her vengeful fury stamps La Camargo as one of the Mediterranean race of violent women in fiction (Belcolore in 'La Coupe et les Lèvres' is another Italian, from Florence), but the heroines of the other dramatic poems in this volume play a passive rôle in the plot, and both Juana and Portia might just as easily pass for French women as far as their thoughts and attitudes are concerned. Their three male counterparts are all men of action (in fact the description of Don Paez's quarrel and duel makes him to my mind one of the most striking figures in dramatic poems of this length written in nineteenth-century France), and all three represent a different type of Romantic hero. The motives which propel Don Paez into action are passion, vengeance, and concern for honour—themes which delighted Musset's generation because their intensity met the Romantic longing for emotions carried to their extreme point, and for which Spain, Italy and Corsica seemed to them natural settings. Apart from these motives, there is nothing exotic about Don Paez and it is a tribute to Musset's ability to bring characters to life even within such a small scope that he seems more a natural inhabitant of any French barracks than a pasteboard Spaniard.

All the other notable male characters, whatever their supposed country of origin, are Byronic beings. This does not gainsay in the least Musset's denial that he had imitated Byron. There was in the air at the time among the young generation an attitude towards life which naturally made them share many of Byron's sentiments, the 'mal du siècle' which was the French equivalent, with variations, of his 'spleen'. It is true that the popularity of Byron's poetry intensified this climate of feeling, and that in some writers literary imitation was stronger than subjective reactions to life, but Musset had within himself enough of the material from which Byron shaped his heroes to make any direct borrowing unnecessary. Nevertheless, like his Spanish contemporary, Espronceda, he was so steeped in Byron's works that no doubt he subconsciously tapped this source far more than he realised.

Dalti is a Romantic hero in the style of Hugo's Ruy Blas, although until canto III he is no more than the silhouette of a young lover. In the last canto, as a gondola bears him and his mistress along the Venetian waterways, he unexpectedly reveals that he is one of the tortured, fatalistic young men of Romantic literature who cannot reconcile the cards life has dealt them with their innate abilities, and who see themselves as accursed, with a curse which is contagious.

> Cette fleur avait mis dix-huit ans à s'ouvrir.
> A-t-elle pu tomber et se faner si vite,
> Pour avoir une nuit touché ma main maudite?

murmurs Dalti (ll. 366–8), and in the same year that the *Contes* were published Hernani declaims more famous but similar lines:

> Je suis une force qui va!
> Agent aveugle et sourd de mystères funèbres!
> Une âme de malheur faite avec des ténèbres!
> Où vais-je? je ne sais. Mais je me sens poussé
> D'un souffle impétueux, d'un destin insensé.
> . . .
> Cependant, à l'entour de ma course farouche,
> Tout se brise, tout meurt. Malheur à qui me touche!
> Oh! fuis! détourne-toi de mon chemin fatal.
> Hélas! sans le vouloir, je te ferais du mal!   (III. iv)

Dalti, an orphan fisher-boy but well educated and a theatre-lover, restlessly searching to satisfy some unknown desire, stakes everything on the card-table to win and then lose a fortune. The majority of Romantics preferred, as he did, to entrust their future to fate rather than to will-power.

Rafael Garuci in 'Les Marrons du Feu' displays the more amusing side of the Byronic hero, for he is witty, cynical, fantastic, occasionally brutal, dogged by boredom as Musset was, a hard drinker and a womaniser, yet poetic enough to paint enchantingly the picture of the fan which resembles him:

> Il est large à-peu-près comme un quartier de lune,
> Cousu d'or comme un paon. Frais et joyeux comme une
> Aile de papillon.—Incertain et changeant
> Comme une femme.—Il a les paillettes d'argent
> Comme Arlequin.—Gardez-le, il vous fera peut-être
> Penser à moi; c'est tout le portrait de son maître.

>   (ll. 69–74)

This is the true hero of Musset's theatre in the making, a preliminary version of Fantasio, Octave, even Lorenzaccio, and far better company than the melancholics who peopled many contemporary works.

The plots in which these heroes and heroines meet are the usual Romantic mingling of passion, infidelity, jealousy, revenge and violent death. Musset's dramatic masterpiece, *Lorenzaccio*, consisted of equally strong meat, but in the intervening years (*Lorenzaccio* was first published in 1834), he had learned to handle such material with amazing maturity, conviction, and depth of insight. Very occasionally the three early dramatic poems, 'Don Paez', 'Les Marrons du Feu' and 'Portia', show signs of the melodrama on whose brink Romanticism often tottered. Depending on his mood, a twentieth-century reader, for instance, might either be impressed or feel inclined to guffaw when he came to the passage in which Portia relights the lamp that has suddenly blown out, leaving her and her lover in darkness.

> —Ciel et terre, Dalti! Nous sommes trois, dit-elle.
> —Trois, répéta près d'eux une voix à laquelle
> Répondirent au loin les voûtes du château.
> Immobile, caché sous les plis d'un manteau,
> Comme au seuil d'une porte une antique statue,
> Onorio, debout, avait frappé leur vue. (ll. 263–8)

Yet it is probably unfair to label even this tableau as melodramatic, since Mozart's *Don Giovanni* (which was one of Musset's favourite operas) still chills the spines of its audience with just such an apparition when the Commendatore's statue-ghost is suddenly seen in the doorway in the final act. It was in fact not a Mediterranean setting but an English one which drew Musset towards his longest trip into melodrama with 'Le Saule', a work left unpublished until the 1850 edition of the *Poésies complètes*, apart from its scarcely noticed appearance in an anthology by various hands, *Le Keepsake américain* (1830).

It is perhaps Musset's treatment of the settings in his Southern poems which makes the reader realise that this is no run-of-the-mill Romantic. Most writers who chose exotic themes at this time indulged in a welter of colourful description. To a man of Musset's discrimination, such fictitious flamboyance was unacceptable, and a satirical stanza in 'Namouna', probably aimed at Hugo's descriptive excesses (of which some critics found examples in *Les Orientales* of 1829), voices his disapproval of facile exoticism:

> Si d'un coup de pinceau je vous avais bâti
> Quelque ville *aux toits bleus*, quelque *blanche* mosquée,

Quelque tirade en vers, d'or et d'argent plaquée,
Quelque description de minarets flanquée,
Avec l'horizon *rouge* et le ciel assorti,
M'auriez-vous répondu: 'Vous en avez menti'?
                                        (canto I, stanza xxiv)

There is only one poem in the *Contes d'Espagne et d'Italie* entirely devoted to describing a scene in nature. 'Stances' paints a landscape in the Pyrenees, a region that was growing increasingly popular. Vigny knew it from the time he was stationed at the barracks in Oloron, and describes it in 'Le Trappiste', for instance, and in *Cinq-Mars*. From being considered horrendous in earlier centuries, mountains and ravines enthralled the nineteenth, and Musset's Pyrenean scene is completed with other immensely fashionable elements—dark, turreted monasteries looking like fossils of ancient mountains; the cries of birds echoing round spiral staircases; a storm wind sweeping through the Autumn countryside; the stained glass of rose windows glowing in the sunset, and carved saints surrounding a gothic arch. The Romantics' taste for mountains, storms and ruins, their religiosity, and their love of colour—all find expression in this typical period-piece.

Far more impressive are the two panoramic views of Venice, Canaletto canvases in words, which form part of 'Venise' and of the third canto of 'Portia'. Musset seems to have made the general impression of being a miniaturist, but here he shows that, just as in the theatre he can handle the vast fresco of *Lorenzaccio* as successfully as the delicate pastels of 'A quoi rêvent les jeunes filles', he is equally at home with the description of a city as that of a fan. Musset had never set foot in Italy when he composed these lines, but clearly he knew Venice through those who had painted it. The portrayal of Madrid is far more light-hearted, no more serious than the wearing of a mask at a ball. It is a light-opera scenario—a city of silken ladders, rendez-vous, serenades and bull-fights. The result is far more appealing than the solemnly pretentious and obviously false façades commonly erected at this period, and Musset has such a gift for poetic fantasy that he spins memorable scenes even from such flimsy material:

> ... Déjà dressant mille fantômes,
> La nuit comme un serpent se roule autour des dômes;
> Madrid, de ses mulets écoutant les grelots,
> Sur son fleuve endormi promène ses fallots.
> —On croirait que, féconde en rumeurs étouffées,
> La ville s'est changée en un palais de fées,
> Et que tous ces granits dentelant les clochers,
> Sont aux cîmes des toits des follets accrochés.
>
> ('Don Paez', ll. 421–8)

A church scene was an essential part of a Romantic story with an Italian or Spanish setting, because of the scope it gave for conveying colour, emotion, and a sense of mystery. In canto II of 'Portia' (ll. 143–57) Musset shows how skilful he is at creating such an interior, using effects of silence and echoing sound, of flickering light and darkness, the few human figures emphasising the surrounding emptiness. The sentiments he utters are as common to his time as the theme he describes, for there was then a tendency to feel the emotional and picturesque attraction of religion among many who disregarded or rejected its dogmas.

> Solitudes de Dieu! qui ne vous connaît pas?
> Dômes mystérieux, solennité sacrée,
> Quelle âme en vous voyant est jamais demeurée
> Sans doute, ou sans terreur? (ll. 154–7)

Lorenzaccio uses a similar setting in Act II, scene 2, and the poetry of Church interiors seems to have had a greater significance for Musset than mere picturesqueness. He was not a church-goer, and those who knew him casually might have imagined him an atheist, but in September 1840 he wrote to Madame de Castries: 'La croyance en Dieu est innée en moi; le dogme et la pratique me sont impossibles, mais je ne veux me défendre de rien; certainement je ne suis pas mûr sous ce rapport.'

In only one description, that of Juana's elegant room in 'Don Paez' (ll. 31–52), does Musset try to reproduce a Spanish or Italian interior, and his use of local colour in the form of foreign terms is restraint itself compared with the heavy peppering of exotic words found in much contemporary fiction. It is qualities such as this discretion, and the artistic integrity which refuses to mount a pretentious parade of second-hand knowledge that set the *Contes d'Espagne et d'Italie* apart from the mass of Romantic literature dealing with exotic themes. Otherwise they are fashioned, with a craftsmanship astonishing in such a young man, from the same fabric that supplied so many works at this time.

This is obviously not to say that the Romanticism in these poems is limited to the Mediterranean elements indicated in the title. The pure snows of Northern mountainscapes, for which Madame de Staël had helped to rouse French admiration, make a brief appearance in the lines to the Jungfrau, as they do in Musset's short story *Emmeline*, where the heroine grows almost hysterical at the sight of the Alps. One of the most attractive of the shorter poems is a pastiche, not of a foreign serenade, but of a mediæval 'aubade' in which a lover sings to his mistress at daybreak. To the Romantics, the Middle Ages were yet another distant land, in the dimension of time instead of space, to which they could escape in imagination, as Hugo does in *Les Burgraves* and *Notre-Dame de Paris*. On more familiar ground than Spain or Italy, Musset risks more colour and far more characteristic details and terms in 'Le Lever'. It is as though a page from *Les Très Riches Heures du duc de Berry* sprang to life before the reader, complete with sound and movement.

Certainly 'Mardoche', with its series of glimpses of the fashionable Paris of Musset's day, is Romanticism of a certain type. A fashionable touch of exoticism enters even this French setting with: 'Deux yeux napolitains, qui s'appelaient Rosine',

> . . . deux étoiles d'ébène
> Sur des cieux de cristal . . . (ll.103–4)

but it is the poem's flippancy and cynicism, the obvious delight in shocking readers that stamp it as a period piece. It is another, much briefer, evocation of Paris that among the serenades and Andalusian beauties of the *Contes d'Espagne et d'Italie* indicates what was to be Musset's true voice in the poems of his maturity. In the sonnet dated August 1829 he describes exquisitely not a fantastic dream city but the world he knew best—the first frosts in the countryside around a *château*, the Seine and the buildings of Paris in the grey onset of Winter—and the feelings he expresses are not those of a betrayed Spaniard or Italian but his own

. .

reaction to betrayal. It was when he followed this pattern that Musset wrote his really great lines.

There were many other elements besides the settings in the *Contes* which showed that the author frequented the Arsenal. The Romantics were determined to make the alexandrine supple, and Musset in his delight in playing with the traditional line sometimes uses the typographical lay-out to reduce it to fragments:

```
Cydalise: Vous l'avez tué?
Rafael:              Non.
Cydalise:                  Si fait.
Rafael:                        Non!
Rose:                             Si fait.
Rafael:                                 Bah!
```
('Les Marrons du Feu', l. 570)

The use of 'enjambement' too could help to dislocate accepted forms, and 'Mardoche' gives the impression that here Musset is using it, not primarily as the content dictates, but for the scandalising effect it would have on reactionary readers. He carries on the sense from line to line in the most blatant way, as when he writes:

Il n'avait vu ni Kean, ni Bonaparte, ni
Monsieur de Metternich ...   (ll. 5–6)

and, not content with that, often divides a sentence between two stanzas. Again, not smoothness but bravado is clearly his main concern. We read at the end of stanza ii and the beginning of stanza iii:

Les Muses visitaient sa demeure cachée,
Et quoiqu'il fît rimer 'idée' avec 'fâchée',

On le lisait ... ,

and stanzas xvii and xviii are straddled with:

Hier, un de mes amis se trouvant à souper
Auprès d'une duchesse, eut soin de se tromper

De verre ...

The syntax occasionally shows the same disregard for the strict correctness that was part of Classical requirements for literature. Portia's husband speaks of the 'poison florentin' that is his inheritance:

2—CD'E * *

> —Quel mal? dit Portia.
> —C'est quand on dit d'un homme
> Qu'il est jaloux.—Ceux-là, c'est ainsi qu'on les nomme.
>
> (ll. 87–8)

It is true that Hugo stated in the *Préface de Cromwell* that correctness was indispensable to any writer, but he might well have found these lines acceptable on the grounds that they reproduced faithfully the turns of everyday speech. He must surely have approved of the way in which Musset opens the gates of his poetry to words of the simplest, even prosaic, and familiar kind. Just as the revolutionary crowd had stormed the Bastille to release its prisoners, so the Romantics were determined to let loose in the literary world that everyday vocabulary which the Classics, bent on restricting themselves to the language of polite society, had banished from poetry. In the *Contes d'Espagne et d'Italie* Musset wrote lyrical passages and passages of high drama, but he could also make the hero of *Les Marrons du Feu*, saved from drowning, describe himself as 'salé comme un hareng!' (l. 29). As we have seen, he very rarely indulges in decorating these poems with exotic Spanish and Italian terms, but in 'Mardoche' he shows that, when it came to English, he shared to some extent the Romantics' liking for foreign phrases and their tendency to introduce them even when the context did not require them. In stanza ix Musset reflects:

> Celui qui perd l'esprit, ni celui qui rend l'âme,
> N'ont oublié la voix de la première femme
> Qui leur a dit tout bas ces quatre mots si doux
> Et si mystérieux:—'My dear child, I love you.'

and in the second stanza to be left out of the 1830 edition (numbered xxiii in later editions) Mardoche greets his uncle with the words: '*And how do you do*, mon bon père, aujourd'hui?'

Like the vocabulary, the choice of rhymes bears the Romantic stamp even though, as I have said, Musset grew more and more impatient with the contemporary insistence on rich rhymes and before long was busy uprooting them from his poems. Nevertheless, a research worker has found that the percentage of rich rhymes in 'Don Paez', 'Portia', and 'Mardoche' varies between 59 and 49, a far higher figure than in his later poetry.[11] In spite of this, it is clear that in the *Contes* rhyme is an underling to the content of the lines. Analysis has shown that in Musset's poetry as a whole, 48 out of every 100 rhymes are unsatisfactory from a strictly technical point of view because they are homologous. Some are found wanting because the pretonic syllables are too similar, as when 'soleil' rhymes with 'sommeil' in canto III of 'Portia' (ll. 349–50). In thoroughly Romantic works such as 'Stances', 16 of whose 25 rhymes cannot be faulted, Musset seems more concerned with rhyme than he ever would be again.

Clearly those who took off their hats to the *Contes* as an avant-garde example of the new literature had reason enough to do so. Romantic in form, exotic in content, poem after poem tells of the unbridled passion, set free from the restraint of will or reason, which was exalted in these times. Yet, as I have already suggested, some elements commonly found in Romantic works appear rarely or not at all in Musset's first published volume of poetry—the attitude of high seriousness inevitable in those who saw the poet as a high priest; the sometimes indiscriminate riot of antithesis and descriptive detail, especially primary colours and exotic touches. Some would add that Musset is unlike most Romantics in the small part he allocates to nature, and although his works as a whole seem to me to make far more use of landscape and of images drawn from nature than has sometimes been supposed, it is true that the world of the *Contes d'Espagne et d'Italie* is mostly that of cities, fanciful or real. There is far more to distinguish the volume from the bulk of contemporary works than its comparative lack of some Romantic features. In fact, Hugo had no reason to feel resentful when the brilliant recruit began to criticise the Cénacle and then withdraw from it, for he himself had preached the prime importance of originality and personal inspiration in the *Préface de Cromwell*.

Que le poète se garde surtout de copier qui que ce soit, pas plus Shakespeare que Molière, pas plus Schiller que Corneille. Si le vrai talent pouvait abdiquer à ce point sa propre nature, et laisser ainsi de côté son originalité personnelle pour se transformer en autrui, il perdrait tout à jouer ce rôle de Sosie . . . Il vaut mieux encore être ronce ou chardon, nourri de la même terre que le cèdre et le palmier, que d'être le fungus ou le lichen de ces grands arbres.[12]

To change the image, Musset had begun by using the Romantic

manner as a trellis, but his original gifts and his own attitude towards poetry were soon ready to branch out, away from any support.

One reason for this divergence from the main stem of Romanticism was precisely what Hugo recommended—the growing exploration of his own particular gifts, the concentration on listening to the sound of his unique voice as a poet. A second cause was that, as he began to reject some tendencies in contemporary literature, he was gradually formulating his own poetic, close at some points to Hugo's but elsewhere very much his own. Musset hated pedantry too much ever to expound this in a preface or 'ars poetica', but his ideas can be gleaned, scattered among his verse. None of these thoughts is expressed in the poems making up the *Contes d'Espagne et d'Italie*, but the deliberate weakening of some rhymes shows that they were already fermenting in his mind as he wrote and in 'Namouna' and 'La Coupe et les Lèvres', published after only a brief interval in 1832, he is ready to formulate some of his views decisively.

How far was this attitude towards poetry which he revealed later already at work in the *Contes d'Espagne et d'Italie*? When Musset speaks of poetry itself he leaves no doubt of the reverence in which he holds it, even to the point of fearing to blaspheme against it:

> J'aime surtout les vers, cette langue immortelle.
> C'est peut-être un blasphème, et je le dis tout bas;
> Mais je l'aime à la rage. Elle a cela pour elle
> Que les sots d'aucun temps n'en ont pu faire cas,
> Qu'elle nous vient de Dieu,—qu'elle est limpide et belle,
> Que le monde l'entend, et ne la parle pas.
>
> ('Namouna', canto II, stanza ii)

This delight in an exclusive language not understood by the majority was to be typical of the nineteenth century, when there grew between the artist and his public a gulf which has still not been re-bridged. Musset never wavers from this intense love of poetry; when he tweaked the tail of established versification with the extraordinary 'enjambements' in 'Mardoche', it was poetic conventionality and not poetry itself that he treated irreverently. To the end Musset insisted, in the true spirit of his age, that a poet must be free to fashion his verse as inspiration dictated, regardless of the regulations of grammar:

> Est-il, je le demande, un plus triste souci
> Que celui d'un niais qui veut dire une chose,
> Et qui ne la dit pas, faute d'écrire en prose?
> J'ai fait de mauvais vers, c'est vrai; mais, Dieu merci!
> Lorsque je les ai faits, je les voulais ainsi,
> Et de Wailly ni Boiste, au moins, n'en sont la cause.
>
> ('Après une lecture', stanza xvii)

Those who have noted imperfections in the rhymes of the *Contes d'Espagne et d'Italie* are probably not surprised to find the suggestion in the dedication to 'La Coupe et les Lèvres' that inspiration is to have the final word as well as the first. Musset speaks disparagingly of revision, 'se remâcher comme un bœuf qui rumine'. It is to no pedant that he apologises for any lapses, but only to France itself and the French language.

> Idiome de l'amour, si doux qu'à le parler
> Tes femmes sur la lèvre en gardent un sourire.
> ('Les Secrètes Pensées de Rafaël', *Revue de Paris*, 4 July 1830)

As to the substance from which poetry is shaped, some of Musset's most quoted lines speak of the value for a poet of suffering and remembered emotion, as when he writes in 'La Nuit de mai':

> Les plus désespérés sont les chants les plus beaux,
> Et j'en sais d'immortels qui sont de purs sanglots.

The intermingling of love and joy with grief already occupied his thoughts at the time when the *Contes d'Espagne et d'Italie* were being written. The very epigraph reads:

> What is it in that world of ours
> Which makes it fatal to be loved?

and in 'Don Paez' there is an apostrophe to love:

> Amour, fléau du monde, exécrable folie,
> Toi qu'un lien si frêle à la volupté lie,
> Quand par tant d'autres nœuds tu tiens à la douleur.
>
> (ll. 289–91)

In most of these poems it is as though the nineteen-year-old Musset were exploring a theme which fascinated him but of which he had as yet no great personal knowledge. The loves and sorrows of Don Paez and Juana, Rafael and La Camargo, Portia, her husband, and Dalti perhaps do not strike home very forcefully to the reader's feelings. The pictures which pass before his eyes and the atmosphere of fantasy hold more of his attention than the emotions of the 'dramatis personae'. Yet in the sonnet describing the coming of Winter to Paris there is already that note of deeply felt, poignant grief and disappointed hopes that was to sound in the greatest of Musset's lines. He had no doubt that all poetry, gay or grief-stricken, must come from the poet's own experience:

> Sachez-le,—c'est le cœur qui parle et qui soupire
> Lorsque la main écrit,—c'est le cœur qui se fond;
> C'est le cœur qui s'étend, se découvre et respire
> Comme un gai pèlerin sur le sommet d'un mont.
>
> ('Namouna', canto II, stanza iv)

No one can be a true poet who will not 'déraisonner', who will not fling himself into exploring all the sensations that life has to offer. The opposite of a real poet is, for Musset, the desk-bound versifier:

> Celui qui ne sait pas, quand la brise étouffée
> Soupire au fond des bois son tendre et long chagrin,
> Sortir seul au hasard, chantant quelque refrain,
> Plus fou qu'Ophélia de romarin coiffée,
> Plus étourdi qu'un page amoureux d'une fée,
> Sur son chapeau cassé jouant du tambourin;
>
> Celui qui ne voit pas, dans l'aurore empourprée,
> Flotter, les bras ouverts, une ombre idolâtrée;
> Celui qui ne sent pas, quand tout est endormi,
> Quelque chose qui l'aime errer autour de lui;
> Celui qui n'entend pas une voix éplorée
> Murmurer dans la source et l'appeler ami;
>
> Celui qui n'a pas l'âme à tout jamais aimante,
> Qui n'a pas pour tout bien, pour unique bonheur,
> De venir lentement poser son front rêveur
> Sur un front jeune et frais, à la tresse odorante,

Et de sentir ainsi d'une tête charmante
La vie et la beauté descendre dans son cœur;

Celui qui ne sait pas, durant les nuits brûlantes
Qui font pâlir d'amour l'étoile de Vénus,
Se lever en sursaut, sans raison, les pieds nus,
Marcher, prier, pleurer des larmes ruisselantes,
Et devant l'infini joindre des mains tremblantes,
Le cœur plein de pitié pour des maux inconnus.

('Après une lecture', stanzas xi–xiv)

It was the substance of poetry, not its decoration, that mattered to Musset.

His stress on the individual poet's inspiration, judgment, and experience is the very heart of Romanticism, and it is only a step from this attitude to the belief that the recognition of poetry is as instinctive as its creation, yet this belief is perhaps the most original and attractive part of Musset's poetic. Hugo and Vigny, as we have said, tended to see themselves as latterday counterparts of Moses. Musset, in spite of delighting in the fact that poetry is a language spoken by few, seems to see himself more in the rôle of the old troubadours. 'Namouna' expresses the unusual view that the creation of poetry is valid enough through the pleasure it gives its creator (canto ii, stanza v); amid the bombastic thunderings of some authors about the importance of their works, he asks:

Eh! depuis quand un livre est-il donc autre chose
Que le rêve d'un jour qu'on raconte un instant;
Un oiseau qui gazouille et s'envole;—une rose
Qu'on respire et qu'on jette, et qui meurt en tombant;—
Un ami qu'on aborde, avec lequel on cause,
Moitié lui répondant, et moitié l'écoutant?

('Namouna', canto ii, stanza vii)

The writer's usual dreams of fame and the admiration of future centuries are not for Musset; he measures his success in the extent to which his readers find as much pleasure in his lines as he did in writing them. For him it is not a commemorative marble bust which spells achievement (his ghost must have been amused by the statue of himself that stood outside the Comédie-Française), but a book of his works torn and stained by an avid reader. Moreover, the reader whose judgment he accepts is not a learned critic.

Musset writes for 'Lisette', 'Margot' or the 'marquise', for any woman, 'grande dame' or 'grisette', who instinctively recognises beauty in literature reflecting her own beauty:

> Vive le vieux roman, vive la page heureuse
> Que tourne sur la mousse une belle amoureuse!
> Vive d'un doigt coquet le livre déchiré,
> Qu'arrose dans le bain le robinet doré!
> Et, que tous les pédants frappent leur tête creuse,
> Vive le mélodrame où Margot a pleuré.
>
> ('Après une lecture', stanza v)

This was very far from meaning that Musset wooed women readers with novelettish material or with themes chosen purely because they were in vogue. In his eyes beauty equalled truth, and so woman's beauty drew her close to the divinity of which, according to neo-platonic thought, all loveliness in the created world is a reflection. It follows that nothing but an artist's finest work should be presented for the reader's pleasure. With the *Contes d'Espagne et d'Italie* he offered wares that were indeed of the highest worth. Perhaps their most immediately striking quality is the sheer brilliance of technique in a young man still not twenty years of age, and who had only recently turned seriously to the writing of poetry. We shall see in the poems how he moves sure-footedly from verse-form to verse-form, from the long stanzas and alternating dialogue of the dramatic narratives to the lilting rhythms of the songs, to an already accomplished example of the sonnet's intricate concision. He knows already how to use sound and rhythm to reproduce music in words, so that 'Venise' is a transposition into verse of the barcarolle. As for the pictorial use of language, the ability which made his art teacher promise him a distinguished career as a painter, if he wished it, is clearly reflected, as has already been mentioned, in the landscapes, cityscapes and the miniatures created by his lines. Moreover his pictures are completed with movement, scents and sounds so that the reader finds himself in imagination in Venice at dawn or in a Madrilenian square at night.

The dramatic gifts which shine out in the longer poems are particularly striking in a period when, even in their plays, some of the best authors showed lyrical rather than dramatic ability. Perhaps none of the 'dramatis personae' has depth of character, though they are always convincing. Yet whenever they speak, their words have the ring of real life. Already, in spite of working within the limits of the alexandrine, Musset could reproduce the different voices of a coquette, a young man-about-town, and two quarrelling soldiers. Already, too, he knew how to make a plot move forward at an exciting pace, unhindered by the descriptions and digressions common to Romantic works. The reader can find in this first volume of poetry signs of the dramatic brilliance and perceptiveness that would fill Musset's arm-chair theatre with characters who spoke with more human voices than any on the real stage of the day, the brilliance that was to be seen in the masterly reconstruction of Lorenzaccio's story.

Metaphor is sometimes said to be the true test of a poet's originality, and the images which we shall study in the notes to this edition leave no doubt of Musset's power to create fresh and unusual imagery. Very often his similes and metaphors bring life to inanimate objects, a common feature of Romantic comparisons. When a cloud passes in front of the Venetian moon, it is compared to the lady abbess of the convent of Santa Croce drawing the ample folds of her cloak over her surplice ('Venise', ll. 17–24); poison, in 'Don Paez' is described as a cat cruelly tormenting its prey (ll. 371–2). Musset's name rarely occurs among those who have influenced later generations, but his images often have a rapid, allusive quality which points to the type of metaphor cultivated more and more towards the end of the nineteenth century and still in vogue in the twentieth century.

The *Contes d'Espagne et d'Italie* are not Musset's greatest works, but they are already, I think, writing of the first order. They lack the depth that experience of life was to bring to his work in a very few years, but they show his virtuosity in handling language, his dramatic skill, the inherent good taste and restraint which made him shy away from Romantic over-exuberance, the sensitivity, the emotional dynamism, the fantasy and (rare among Hugo's group) the wit and sense of humour which appear in his later works. Because of the furore it caused, this volume takes its place in literary history as one of the key works in the battle fought by the Romantics to establish themselves. It was an equivalent in the sphere of poetry of the spear-head attack carried out by *Hernani* in the theatre, but it is far more than a mere milestone in literature. Apart from their own intrinsic qualities, the poems allow us a glimpse of Musset at a time when he was developing from the young but brilliant newcomer to Hugo's Cénacle into a writer who was sure of his own approach to his art and who was increasingly aware of the sound of his own individual voice as a poet. His masterpieces, in the form both of plays and poems, were quick to follow.

Having said this, one is left with the uncomfortable feeling that Musset's ghost is pointing a dissatisfied finger over one's shoulder after reading this conclusion, since in his eyes it was the reader's pleasure that was the chief critical touchstone. No one needs to be reminded that pleasure in the arts is an arbitrary and intensely personal matter, but for the reader in the second half of the twentieth century who is willing to approach them without prejudice, setting aside the conviction that Romantic writings are bunk, the *Contes d'Espagne et d'Italie* open up an enchanting world of fantasy, delicate colours, light-heartedness, sheer virtuosity, and the occasional note of deep feeling in which he will recognise the voice that speaks in 'Souvenir' and *Lorenzaccio*.

NOTE ON THE PRESENT EDITION

In accordance with the general editorial policy governing contributions to the Series of which this volume forms part, the text presented in the following pages is a reproduction, without variants, of the first edition, the title-page of which reads:

Contes d'Espagne et d'Italie

par

M. Alfred de Musset

—What is it in that world of ours
Which makes it fatal to be loved?

Paris
A. Levavasseur, Libraire
Au Palais-Royal;
Urbain Canel, Libraire
Rue J.-J. Rousseau, n. 16
1830

From 1835 onwards the *Contes d'Espagne et d'Italie* were grouped with other poems in a collection which since 1852 has been called *Premières Poésies*.

Readers may find it helpful to be offered here a collection of the words in the text that show differences between present-day usage and the typographical and orthographical habits—or idiosyncrasies—of the author and his period, and of the words that contain errors (or irregularities due to the requirements of prosody). It has been thought unnecessary to record the many instances of plural forms such as 'amans' and 'ardens' (the 't' reappeared in the Dictionary of the Academy in 1835); nor is every occurrence mentioned below of the words listed, only the first location being given as a rule—in most cases it is the sole one. Reference is to lines; initials are used to indicate 'Don Paez', 'Les Marrons du Feu', 'Portia', and 'Mardoche'.

appaiser (DP 75), après-dînée (MF 305—rhyme), s'asseoit (DP 320), asyle (DP 498), aye (MF 565; for aïe), baisé, n. (M 357—rhyme), balloté (MF 351), bon homme (MF 631), caffard ('Ballade à la lune' 10), cahos (MF 76), camariste (MF, dramatis personae), certe (DP 53), cheoir (DP 395), cigne ('Madame la Marquise' 6), coureur d'aventure (P 19—rhyme), défesons ('Le Lever' 30), vous me dite (MF 149—rhyme), dogna (DP 149), escobard (MF 386—rhyme), fallots (DP 254), filtres (DP 377; for philtres), hai (MF 222; for hé), Handel (Au lecteur), tu te mouche (MF sc. VII, song—rhyme), muffles (DP 238), Naple (M 125), nus pieds (MF 83), un obole (M 143), palfrenier (M 94), pantouffle (M 67), par instant (DP 241), par moment (DP 303—rhyme), par seconde (MF 520—rhyme), par degré (P 434—rhyme), payen (MF 642), Phœbé ('Ballade à la lune' 38), Phœbus (MF 284), pillier (DP 431), reclu (M 15), se roidit (MF 12), schall (M 237), Shakspeare (Au lecteur), segnora (DP 429), tems (Au lecteur), à tous propos (M 48), de tous tems (M 391), toute étouffée (MF 408), toute en pleurs (P 510), toute endormie ('Madame la Marquise' 3), yatch (MF 10), zéphir (P 316).

Circumflex accent: alcove (DP 94), baillant (DP 171), bleûiront (MF 459), cîme (DP 428), cotoyait (MF 332), dévoûment (MF 489), eût (DP 208, 275, P 323), fêve (M 399), fit (M 312), fût (M 46, 269), grace (MF 154), Grêve ('Venise' 5), au Hâvre (M 334), mêlange (M 107), mu (DP 35), ote (M 401), paîra (MF 6), pamée ('Venise' 46), prit (M 109), put (P 343), remercîmens (MF 21), rode (M 8), stratagême (MF 452), vit (M 315), vître (DP 430). *Note*.—As 'ame' and 'âme' occur frequently, the accent has been inserted in this word throughout.

Other accents: candelabres (DP 38), épanouïe (P 104—rhyme), hola (MF 559), lècherais (MF 113), levriers ('Ballade à la lune' 52), manége (DP 259), pélerin (MF 542), piége (MF 77), Rafael (MF 4).

Hyphen: à-la-fois (MF 508), à-peu-près (MF 69), au-dedans (DP 317), au-dehors (MF 127), ce pied là (DP 55), ces airs là (MF 186), ces femmes là (DP 9), cette nuit là (MF 330), champs-clos (MF 163), contre-vent (MF 180), coup-d'œil (M 271), à demi-morte (P 259), demi nue (P 219), demi voilé ('Venise' 20), grand peine (DP 346), ici bas (MF, epigraph), là bas (P 186), la dedans (MF 13), long-temps (DP 368), long-tems (P 270), long-voilées ('Madrid' 11), marche-pied (M 317), par-là (MF 486), le Père-Eternel (MF 638), pleine-lune ('Ballade à la lune' 76), quart-d'heure (MF sc. VII, song), qui vive, n. (DP 123), tout-à-coup (DP 284), tout-à-fait (MF 398), tout-à-l'heure (DP 457), très-aristocratique (M 36), très-beaux (MF 358), très-bien (MF 64), très-excellent (MF 248), très-fort (MF 315), très-riche (MF, stage-directions for sc. V), très-vif (MF 450), va-t-en (MF 476), vingt-ans (DP 333).

Capitals: Alcades ('Barcelone' 39), Alcyon (P 324), Basson (MF 177), Cortéjo (DP 198), Dieu (MF 338), Isabelle ('Le Lever' 2), Pierre

(M 380), Ribaud (DP 170), seigneur (DP 449), vierge (M 132), un juif (MF 522), peuple Hellène (M 39), mer Hellespontienne (M 40), petite anglaise (M 335), je savais le Toscan (P 407).

The original punctuation has been kept, apart from a few instances where obvious inadvertence obscured the meaning. The only other corrections which have been made are as follows:

vanta > vantât (DP 154), dégoûtaient > dégouttaient (DP 261), ne inserted (DP 471), beaux-fils > beaux fils (MF, prologue 9), telle > tel (MF, epigraph), aie > ait (MF 3), est > était (MF 38), les oisons > tes oisons (MF 251), Le > Ce (MF 318), ne > me (MF 463), irais > irai (MF 523), sergent > prévôt (MF 616), vas > va (MF 659, P 186, 189), l' inserted (M 14), qu'elle > quelle (M 51), celle > celles (M 360), le inserted (M 366).

CONTES D'ESPAGNE ET D'ITALIE

What is it in that world of ours
Which makes it fatal to be loved?

Au Lecteur

Une préface est presque toujours, sinon une histoire ou une théorie, une espèce de salutation théâtrale, où l'auteur, comme nouveau venu, rend hommage à ses devanciers, cite des noms, la plupart anciens; pareil à un provincial qui, en entrant au bal, s'incline à droite et à gauche, cherchant un visage ami.

C'est cette habitude qui nous ferait trouver étrange qu'on entrât à l'Académie sans compliment et en silence. Me pardonnera-t-on d'imiter le comte d'Essex, qui arriva dans le conseil de la reine crotté et éperonné?[1]

On a discuté avec talent et avec chaleur, dans les salons et dans les feuilles quotidiennes, la question littéraire qui succède aujourd'hui à la question oubliée de la musique italienne.[2] On n'a sans doute rien prouvé entièrement.

Il est certain que la plupart de nos anciennes pièces de théâtre, à défaut de grands acteurs, demeurent sans intérêt; Molière seul, inimitable, est resté amusant.

Le moule de Racine a été brisé; c'est là le principal grief; car, pour cet adultère tant discuté du fou et du sérieux, il nous est familier. Les règles de la trinité de l'unité, établie par Aristote, ont été outrepassées.[3] En un mot, les chastes Muses ont été, je crois, violées.

La pédanterie a exercé de grands ravages; plus d'une perruque s'est dédaigneusement ébranlée, pareille à celle de Handel qui battait la mesure des oratorios.

Le genre historique toutefois est assez à la mode, et nous a valu bien des Mémoires.[4] A Dieu ne plaise que je veuille décider s'ils sont véridiques ou apocryphes!

De nobles essais ont été faits; plus d'un restera comme monument. Qu'importe le reste? La sévère et impartiale critique est celle du tems. Elle seule a voix délibérative, et ne repousse jamais un siècle pour en élever un autre; elle se souvient, en lisant Dante et Shakspeare,[5] que l'héroïne du premier roman du monde, Clarisse Harlowe, portait des paniers.[6]

Don Paez

I had been happy, if the general camp,
Pioneers and all, had tasted her sweet body,
So I had nothing known.
     (*Othello, the Moor of Venice*)

I

Je n'ai jamais aimé, pour ma part, ces bégueules,
Qui ne sauraient aller au Prado toutes seules,
Qu'une duègne toujours de quartier en quartier
Talonne, comme fait sa mule un muletier;
Qui s'usent, à prier, les genoux et la lèvre,   5
Se courbant sur le grès, plus pâles dans leur fièvre
Qu'un homme qui, pieds nus, marche sur un serpent,
Ou qu'un faux monnayeur, au moment qu'on le pend.
Certes, ces femmes là, pour mener cette vie,
Portent un cœur châtré de toute noble envie;   10
Elles n'ont pas de sang et pas d'entrailles.—Mais
Sur ma tête et mes os, frère, je vous promets
Qu'elles valent encor quatre fois mieux que celles
Dont le temps se dépense en intrigues nouvelles.
Celles-là vont au bal, courent les rendez-vous,   15
Savent, dans un manchon, cacher un billet doux,
Serrer un ruban noir sur un beau flanc qui ploie,
Jeter d'un balcon d'or, une échelle de soie,
Suivre l'imbroglio de ces amours mignons,
Poussés en une nuit comme des champignons.   20
Si charmantes, d'ailleurs! aimant en enragées
Les moustaches, les chiens, la valse et les dragées;
Mais, oh! la triste chose, et l'étrange malheur,
Lorsque dans leurs filets tombe un homme de cœur!
Frère, mieux lui vaudrait, comme ce statuaire   25
Qui pressait dans ses bras son amante de pierre,
Réchauffer de baisers un marbre, mieux vaudrait
Une louve affamée en quelque âpre forêt.

Ce que je dis ici, je le prouve en exemple.
J'entre donc en matière, et sans discours plus ample,   30
Ecoutez une histoire :

            Un mardi, cet été,
Vers deux heures de nuit, si vous aviez été,
Place San-Bernardo, contre la jalousie
D'une fenêtre en brique, à frange cramoisie,
Et que, le cerveau mu de quelque esprit follet,   35
Vous eussiez regardé par le trou du volet,
Vous auriez vu, d'abord, une chambre tigrée,
De candelabres d'or ardemment éclairée ;
Des marbres, des tapis montant jusqu'aux lambris ;
Çà et là, les flacons d'un souper en débris ;   40
Des vins, mille parfums ; à terre, une mandore
Qu'on venait de quitter, et frémissant encore,
De même que le sein d'une femme frémit
Après qu'elle a dansé. —Tout était endormi ;
La lune se levait ; sa lueur souple et molle,   45
Glissant aux trèfles gris de l'ogive espagnole,
Mêlait aux flammes d'or ses longs rayons d'argent,
Sur les pâles velours et le marbre changeant.
Si bien, que dans le coin le plus noir de la chambre
Sur un lit, parfumé de bois de rose et d'ambre,   50
En y regardant bien, frère, vous auriez pu,
Dans l'ombre transparente, entrevoir un pied nu.
—Certe, l'Espagne est grande, et les femmes d'Espagne
Sont belles ; mais il n'est château, ville, ou campagne,
Qui, contre ce pied là, n'eût en vain essayé,   55
(Comme dans *Cendrillon*) de mesurer un pied.
Il était si petit, qu'un enfant l'eût pu prendre
Dans sa main. —N'allez pas, frère, vous en surprendre ;
La dame dont ici j'ai dessein de parler,
Etait de ces beautés qu'on ne peut égaler :   60
Sourcils noirs, blanches mains ; et pour la petitesse
De ses pieds, elle était Andalouse, et comtesse.

Cependant, les rideaux, autour d'elle tremblant,
La laissaient voir pâmée aux bras de son galant ;

Œil humide, bras morts, tout respirait en elle 65
Les langueurs de l'amour, et la rendait plus belle.
Sa tête avec ses seins roulaient dans ses cheveux;
Pendant que sur son corps mille traces de feux,
Que sa joue empourprée, et ses lèvres arides,
Qui se pressaient encor, comme en des baisers vides, 70
Et son cœur gros d'amour, plus fatigué qu'éteint,
Dont une folle nuit vous eût rendu certain.
Près d'elle, son amant, d'un œil plein de caresse,
Cherchant l'œil de faucon de sa jeune maîtresse,
Se penchait sur sa bouche, ardent à l'appaiser, 75
Et pour chaque sanglot lui rendait un baiser.
Ainsi passait le temps. —Sur la place moins sombre,
Déjà le blanc matin faisant grisonner l'ombre,
L'horloge d'un couvent s'ébranla lentement;
Sur quoi le jouvenceau courut en un moment, 80
D'abord à son habit, ensuite à son épée;
Puis, voyant sa beauté de pleurs toute trempée:
«Allons, mon adorée, un baiser, et bonsoir!
—Déjà partir, méchant! —Bah! je viendrai vous voir
Demain, midi sonnant; adieu, mon amoureuse! 85
—Don Paez! don Paez! Certe, elle est bien heureuse
La galante pour qui vous me laissez sitôt.
—Mauvaise! vous savez qu'on m'attend au château.
Ma galante, ce soir, mort-Dieu! c'est ma guérite.
—Eh! pourquoi donc alors l'aller trouver si vite? 90
Par quel serment d'enfer êtes-vous donc lié?
—Il le faut. Laisse-moi baiser ton petit pied!
—Mais regardez un peu, qu'un lit de bois de rose,
Des fleurs, une maîtresse, une alcove bien close,
Tout cela ne vaut pas, pour un fin cavalier, 95
Une vieille guérite au coin d'un vieux pilier!
—La belle épaule blanche, ô ma petite fée!
Voyons, un beau baiser! —Comme je suis coiffée!
Vous êtes un vilain.—La paix! Adieu, mon cœur;
Là, là, ne faites pas ce petit air boudeur. 100
Demain c'est jour de fête; un tour de promenade,
Veux-tu? —Non, ma jument anglaise est trop malade.
—Adieu donc; que le diable emporte ta jument!

—Don Paez! mon amour, reste encor un moment!
—Ma charmante, allez-vous me faire une querelle?   105
Ah! je m'en vais si bien vous décoiffer, ma belle,
Qu'à vous peigner, demain, vous passerez un jour!
—Allez-vous-en, vilain! —Adieu, mon seul amour!»
Il jeta son manteau sur sa moustache blonde,
Et sortit; l'air était doux, et la nuit profonde;   110
Il détourna la rue à grands pas, et le bruit
De ses éperons d'or s'éteignit dans la nuit.

Oh! dans cette saison, de verdeur et de force,
Où la chaude jeunesse, arbre à la rude écorce,
Couvre tout de son ombre, horizon et chemin,   115
Heureux, heureux celui qui frappe de la main
Le col d'un étalon rétif, ou qui caresse
Les seins étincelans d'une folle maîtresse!

II

Don Paez, l'arme au bras, est sur les arsenaux;
Seul, en silence, il passe au revers des créneaux;   120
On le voit comme un point; il fume son cigare
En route, et d'heure en heure, au bruit de la fanfare,
Il mêle sa réponse au qui vive effrayant,
Que des lansquenets gris s'en vont partout criant.
Près de lui, çà et là, ses compagnons de guerre   125
Les uns, dans leurs manteaux, s'endormant sur la terre,
D'autres, jouant aux dés. —Propos, récits d'amours,
Et le vin (comme on pense), et les mauvais discours
N'y manquent pas. —Pendant que l'un fait, après boire,
Sur quelque brave fille une méchante histoire,   130
L'autre chante à demi, sur la table accoudé.
Celui-ci, de travers examinant son dé,
A chaque coup douteux, grince dans sa moustache.
Celui-là, retenant le coin de son panache,
Fait le beau parleur, jure; et cet autre troussant   135
Sa barbe à moitié rouge, aiguisée en croissant,
Se verse d'un poignet chancelant, et se grise
A la santé du roi, comme un chantre d'église.

Pourtant un maigre suif, allumé dans un coin,
Chancelle sur la nappe à chaque coup de poing. 140
Voici donc, qu'au milieu des rixes, des injures,
Des bravos, des éclats qu'allument les gageures,
L'un d'eux — «Messieurs, dit-il, vous êtes gens du roi;
Braves gens, cavaliers volontaires. —Bon. —Moi,
Je vous déclare ici trois fois gredin et traître, 145
Celui qui ne va pas proclamer, reconnaître,
Que les plus belles mains qu'en ce chien de pays
On puisse voir encor de Burgos à Cadix,
Sont celles de Dogna Cazales, de Séville,
Laquelle est ma maîtresse, au dire de la ville!» 150

On ne répliqua pas; car ce fut un haro
Qui du prochain couvent ébranla le carreau.
Il n'en fut pas un seul, qui de bonne fortune
Ne se dît passé maître, et n'en vantât quelqu'une;
Celle-ci pour ses pieds, celle-là pour ses yeux; 155
L'autre, c'était la taille, et l'autre les cheveux.
Don Paez, cependant, debout et sans parole,
Souriait; car, le sein plein d'une ivresse folle,
Il ne pouvait fermer ses paupières, sans voir
Sa maîtresse passer, blanche, avec un œil noir! 160

— «Messieurs, cria d'abord notre moustache rousse,
La petite Inésille est la peau la plus douce,
Où j'aie encor frotté ma barbe jusqu'ici;
—Monsieur, dit un voisin rabaissant son sourcil,
Vous ne connaissez pas l'Arabelle; elle est brune 165
Comme un jais. —Quant à moi, je n'en puis citer une,
Dit quelqu'un, j'en ai trois. —Frère, cria de loin
Un dragon jaune et bleu, qui dormait dans du foin,
Vous m'avez éveillé; je rêvais à ma belle.
—Vrai, mon petit Ribaud! dirent-ils, quelle est-elle? 170
Lui, baillant à moitié: —Par Dieu! c'est l'Orvado,
Dit-il, la Juana, place San-Bernardo.»

Dieu fit que don Paez l'entendit; et la fièvre
Le prenant aux cheveux, il se mordit la lèvre:

— « Tu viens là de lâcher quatre mots imprudens,   175
Mon cavalier, dit-il, car tu mens par tes dents !
La comtesse Juana d'Orvado n'a qu'un maître,
Tu peux le regarder, si tu veux le connaître.
—Vrai ? reprit le dragon, lequel de nous ici
Se trompe ? Elle est à moi, cette comtesse, aussi.   180
—A toi ? dit don Paez ; mousqueton d'écurie,
Prendras-tu ton épée, ou s'il faut qu'on t'en prie ?
Elle est à toi, dis-tu ? Don Etur, sais-tu bien
Que j'ai suivi quatre ans son ombre comme un chien ?
Ce que j'ai fait ainsi, penses-tu que le fasse   185
Ce peu de hardiesse empreinte sur ta face,
Lorsque j'en saigne encore, et qu'à cette douleur
J'ai pris ce que mon front a gardé de pâleur ?
—Non, mais je sais qu'en tout, bouquets et sérénades,
Elle m'a bien coûté deux ou trois cents cruzades.   190
—Frère, ta langue est jeune et bien prompte à mentir.
—Ma main est jeune aussi, frère, et rude à sentir.
—Que je la sente donc, et garde que ta bouche
Ne se rouvre une fois, sinon je te la bouche
Avec ce poignard, traître, afin d'y renfoncer   195
Les faussetés d'enfer, qui voudraient y passer.
—C'est un joli propos pour un coureur de filles !
Pour un fin Cortéjo ! le bijou des Castilles !
Et quand avons-nous vu la belle ? Justement
Cette nuit ?
       —Ce matin.
             —Ta lèvre sûrement   200
N'a pas de ses baisers sitôt perdu la trace !
—Je vais te les cracher, si tu veux, à la face.
—Et ceci, dit Etur, ne t'est pas inconnu ? » —

Comme à cette parole, il montrait son sein nu,
Don Paez, sur son cœur, vit une mèche noire   205
Que gardait sous du verre un médaillon d'ivoire ;
Mais dès que son regard, plus terrible et plus prompt
Qu'une flèche, eût atteint le redoutable don,
Il se prit à bondir de douleur et de haine
Comme un taureau qu'un fer a piqué dans l'arène :   210

— «Jeune homme, cria-t-il, as-tu dans quelque lieu
Une mère, une femme? ou crois-tu pas en Dieu?
Jure-moi par ton Dieu, par ta mère et ta femme,
Par tout ce que tu crains, par tout ce que ton âme
Peut avoir de candeur, de franchise et de foi,   215
Jure que ces cheveux sont à toi, rien qu'à toi!
Que tu ne les as pas volés à ma maîtresse,
Ni trouvés, —ni coupés par derrière à la messe!
—J'en jure, dit l'enfant, ma pipe et mon poignard.
—Bien! reprit don Paez, le traînant à l'écart,   220
Viens ici; je te crois quelque vigueur à l'âme.
En as-tu ce qu'il faut pour tuer une femme?
—Frère, dit don Etur, j'en ai trois fois assez
Pour donner leur paiement à tous sermens faussés.
—Tu vois, prit don Paez, qu'il faut qu'un de nous meure.   225
Jurons donc, que celui qui sera dans une heure
Debout, et qui verra le soleil de demain,
Tuera la Juana d'Orvado, de sa main.
—Tope! dit le dragon, et qu'elle meure, comme
Il est vrai qu'elle va causer la mort d'un homme.»   230

Et sans vouloir pousser son discours plus avant,
Comme il disait ce mot, il mit la dague au vent.

Comme on voit dans l'été, sur les herbes fauchées,
Deux louves, remuant les feuilles desséchées,
S'arrêter face à face, et se montrer la dent;   235
La rage les excite au combat; cependant
Elles tournent en rond lentement, et s'attendent;
Leurs muffles amaigris l'un vers l'autre se tendent.
Tels, et se renvoyant de plus sombres regards,
Les deux rivaux, penchés sur le bord des remparts,   240
S'observent—par instant entre leur main rapide
S'allume sous l'acier un éclair homicide.
Tandis qu'à la lueur des flambeaux incertains,
Tous viennent à voix basse agiter leurs destins.
Eux, muets, haletans vers une mort hâtive,   245
Pareils à des pêcheurs courbés sur une rive,
Se poussent à l'attaque, et prompts à riposter,

Par l'injure et le fer tâchent de s'exciter.
Etur est plus ardent; mais don Paez plus ferme,
Ainsi que sous son aile un cormoran s'enferme,   250
Tel il s'est enfermé sous sa dague, —le mur
Le soutient; à le voir, on dirait à coup sûr
Une pierre de plus, sur les pierres gothiques
Qu'agitent les fallots en spectres fantastiques.
Il attend. —Pour Etur, tantôt d'un pied hardi,   255
Comme un jeune jaguar, en criant il bondit;
Tantôt calme à loisir, il le touche et le raille,
Comme pour l'exciter à quitter la muraille.

Le manége fut long. —Pour plus d'un coup perdu,
Plus d'un bien adressé fut aussi bien rendu,   260
Et déjà leurs cuissards, où dégouttaient des larmes,
Laissaient voir clairement qu'ils saignaient sous leurs armes.
Don Paez le premier, parmi tous ces débats,
Voyant qu'à ce métier ils n'en finissaient pas:
—A toi, dit-il, mon brave! et que Dieu te pardonne!   265
Le coup fut mal porté, mais la botte était bonne;
Car c'était une botte à lui rompre du coup,
S'il l'avait attrapé, la tête avec le cou.
Etur l'évita donc, non sans peine, et l'épée
Se brisa sur le sol, dans son effort trompée.   270
Alors, chacun saisit au corps son ennemi,
Comme après un voyage on embrasse un ami.
—Heur et malheur! On vit ces deux hommes s'étreindre
Si fort que l'un et l'autre ils faillirent s'éteindre,
Et qu'à peine leur cœur eût pour un battement   275
Ce qu'il fallait de place en cet embrassement.
—Effroyable baiser! —où nul n'avait d'envie,
Que de vivre assez long pour prendre une autre vie,
Où chacun, en mourant, regardait l'autre, et si
En le faisant râler, il râlait bien aussi;   280
Où pour trouver au cœur les routes les plus sûres,
Les mains avaient du fer, les bouches des morsures.
—Effroyable baiser! —Le plus jeune en mourut.
Il blêmit tout-à-coup comme un mort, et l'on crut,
Quand on voulut après le tirer à la porte,   285

Qu'on ne pourrait jamais, tant l'étreinte était forte,
Des bras de l'homicide ôter le trépassé.
—C'est ainsi que mourut Etur de Guadassé.

Amour, fléau du monde, exécrable folie,
Toi qu'un lien si frêle à la volupté lie,   290
Quand par tant d'autres nœuds tu tiens à la douleur,
Si jamais, par les yeux d'une femme sans cœur,
Tu peux m'entrer au ventre et m'empoisonner l'âme,
Ainsi que d'une plaie on arrache une lame,
(Plutôt que comme un lâche on m'en voie guérir)   295
Je t'en arracherai, quand j'en devrais mourir.

III

Connaîtriez-vous point, frère, dans une rue
Déserte, une maison sans porte, à moitié nue;
Près des barrières, triste; —on n'y voit jamais rien,
Sinon un pauvre enfant fouettant un maigre chien.   300
Des lucarnes sans vitre, et par le vent cognées,
Qui pendent, comme font des toiles d'araignées;
Des pignons délabrés, où glisse par moment
Un lézard au soleil; —d'ailleurs nul mouvement.
Ainsi qu'on voit souvent, sur le bord des marnières,   305
S'accroupir vers le soir de vieilles filandières,
Qui, d'une main calleuse agitant leur coton,
Faibles, sur leur genou laissent choir leur menton;
De même l'on dirait que, par l'âge lassée,
Cette pauvre maison, honteuse et fracassée,   310
S'est accroupie un soir au bord de ce chemin.
C'est là que don Paez, le lendemain matin,
Se rendait. —Il monta les marches inégales,
Dont la mousse et le tems avaient rompu les dalles.
—Dans une chambre basse, après qu'il fut entré,   315
Il regarda d'abord d'un air mal assuré.
Point de lit au-dedans. —Une fumée étrange
Seule dans ce taudis atteste qu'on y mange.
Ici, deux grands bahuts, des tabourets boiteux,
Cassant à tout propos quand on s'asseoit sur eux;   320

—Des pots; —mille haillons; —et sur la cheminée
Où chantent les grillons la nuit et la journée,
Quatre méchans portraits pendus, représentant
Des faces qui feraient fuir en enfer Satan.

—Femme, dit don Paez, es-tu là? —Sur la porte   325
Pendait un vieux tapis de laine rousse, en sorte
Que le jour en tout point trouait le canevas;
Pour l'écarter du mur, Paez leva le bras.

—Entre, répond alors une voix éraillée.
Sur un mauvais grabat, de lambeaux habillée,   330
Une femme, pieds nus, découverte à moitié,
Gisait. ——C'était horreur de la voir, —et pitié.
Peut-être qu'à vingt-ans elle avait été belle;
Mais un précoce automne avait passé sur elle;
Et noire comme elle est, on dirait à son teint   335
Que sur son front hâlé ses cheveux ont déteint.
A dire vrai, c'était une fille de joie.
Vous l'eussiez vue un temps en basquine de soie,
Et l'on se retournait quand, avec son grelot,
La Belisa passait sur sa mule au galop.   340
—C'étaient des boléros, des fleurs, des mascarades.
La misère aujourd'hui l'a prise. —Les alcades,
Connaissant le taudis pour triste et mal hanté,
La laissent sous son toit mourir par charité.
Là, depuis quelques ans, elle traîne une vie   345
Que soutient, à grand peine, une sale industrie;
Elle passe à Madrid pour sorcière, et les gens
Du peuple vont la voir à l'insu des sergens.

Don Paez, cependant, hésitant à sa vue,
Elle lui tend les bras, et sur sa gorge nue   350
Qui se levait encor pour un embrassement,
Elle veut l'attirer.—

D. Paez.   Quatre mots seulement,
Vieille. —Me connais-tu? Prends cette bourse, et songe
Que je ne veux de toi ni conte ni mensonge.

Belisa. De l'or, beau cavalier? Je sais ce que tu veux.   355
    Quelque fille de France, avec de beaux cheveux
    Bien blonds! —J'en connais une.
D. Paez.   Elle perdrait sa peine;
    Je n'ai plus maintenant d'amour que pour ma haine.
Belisa. Ta haine? Ah! je comprends. —C'est quelque trahison;
    Ta belle t'a fait faute, et tu veux du poison.   360
D. Paez. Du poison, j'en voulais d'abord. —Mais la blessure
    D'un poignard est, je crois, plus profonde et plus sûre.
Belisa. Mon fils, ta main est faible encor; —tu manqueras
    Ton coup, et mon poison ne le manquera pas.
    Regarde comme il est vermeil; il donne envie   365
    D'y goûter; —on dirait que c'est de l'eau-de-vie.
D. Paez. Non. —Je ne voudrais pas, vois-tu, la voir mourir
    Empoisonnée; —on a trop long-temps à souffrir.
    Il faudrait rester là deux heures, et peut-être
    L'achever. —Ton poison, c'est une arme de traître;   370
    C'est un chat qui mutile et qui tue à plaisir
    Un misérable rat dont il a le loisir.
    Et puis cet attirail, cette mort si cruelle,
    Ces sanglots, ces hoquets. —Non, non; —elle est trop belle!
    Elle mourra d'un coup.—
Belisa.   Alors, que me veux-tu?   375
D. Paez. Ecoute. ——A-t-on raison de croire à la vertu
    Des filtres? —Dis-moi vrai.
Belisa.   Vois-tu sur cette planche
    Ce flacon, de couleur brune où trempe une branche?
    Approches-en ta lèvre, et tu sauras après
    Si les discours qu'on tient sur les filtres sont vrais.   380
D. Paez. Donne. —Je vais t'ouvrir ici toute mon âme:
    Après tout, vois-tu bien, je l'aime, cette femme.
    Un cep, depuis cinq ans, planté dans un rocher,
    Tient encore assez ferme à qui veut l'arracher.
    C'est ainsi, Belisa, qu'au cœur de ma pensée   385
    Tient et résiste encor cette amour insensée.
    Quoi qu'il en soit, il faut que je l'aie. —Et j'ai peur
    De trembler devant elle.—
Belisa.   As-tu si peu de cœur?
D. Paez. Elle mourra, sorcière, en m'embrassant.

Belisa.   Ecoute;
  Es-tu bien sûr de toi? Sais-tu ce qu'il en coûte   390
  Pour boire ce breuvage?
D. Paez.   En meurt-on?
Belisa.   Tu seras,
  A l'abord comme pris de vin. —Tu sentiras,
  Tous tes esprits flottans, comme une langueur sourde
  Jusqu'au fond de tes os; et la tête si lourde,
  Que tu la croirais prête à cheoir à chaque pas.—   395
  Tes yeux se lasseront, —et tu t'endormiras;—
  Mais d'un sommeil de plomb, —sans haleine, et sans rêve.
  C'est pendant ce moment que le charme s'achève.
  Dès qu'il aura cessé, mon fils, quand tu serais
  Plus cassé qu'un vieillard, ou que dans les forêts   400
  Sont ces vieux sapins morts qu'en marchant le pied brise,
  Et que par les fossés s'en va poussant la bise,
  Tu sentiras ton cœur bondir de volupté,
  Et les anges du ciel marcher à ton côté!
D. Paez. Et souffre-t-on beaucoup pour en mourir ensuite?   405
Belisa. Oui, mon fils.
D. Paez.   Donne-moi ce flacon. —Meurt-on vite?
Belisa. Non. —Lentement.
D. Paez.   Adieu, ma mère!

                                Le flacon
Vide, il le reposa sur le bord du balcon.—
Puis tout-à-coup, stupide, il tomba sur la dalle,
Comme un soldat blessé que renverse une balle.   410
—Viens, dit la Belisa l'attirant, viens dormir
Dans mes bras. —Et demain tu viendras y mourir.

                       IV

Comme elle est belle au soir! Aux rayons de la lune,
Peignant sur son col blanc sa chevelure brune!
Sous la tresse d'ébène on dirait, à la voir,   415
Une jeune guerrière avec un casque noir!
Son voile, mal tenu, plie et s'affaisse à terre.
Comme elle est belle et noble! et comme, avec mystère,

L'attente du plaisir et du moment venu,
Font sous son collier d'or frissonner son sein nu!   420
Elle écoute. —Déjà dressant mille fantômes,
La nuit comme un serpent se roule autour des dômes;
Madrid, de ses mulets écoutant les grelots,
Sur son fleuve endormi promène ses fallots.
—On croirait que, féconde en rumeurs étouffées,   425
La ville s'est changée en un palais de fées,
Et que tous ces granits dentelant les clochers,
Sont aux cîmes des toits des follets accrochés.
La segnora pourtant, contre sa jalousie,
Collant son front rêveur à sa vître noircie,   430
Tressaille à chaque fois que l'écho d'un pillier
Répète derrière elle un pas dans l'escalier.
—Ho! comme à cet instant bondit un cœur de femme!
Quand la seule pensée où s'abîme son âme,
Fuit et grandit sans cesse, et devant son désir   435
Recule comme une onde, impossible à saisir!
Alors, le souvenir excitant l'espérance,
L'attente d'être heureux devient une souffrance,
Et l'œil ne sonde plus qu'un gouffre éblouissant,
Pareil à ceux qu'en songe Alighieri descend.   440
Silence! —Voyez-vous, le long de cette rampe,
Jusqu'au faîte en grimpant tournoyer une lampe?
On s'arrête; —on l'éteint. —Un pied précipité
Retentit sur la dalle, et vient de ce côté.
—Ouvre la porte, Inès! et vois-tu pas de grâce   445
Au bas de la poterne un manteau gris qui passe?
—Vois-tu sous le portail marcher un homme armé?
—C'est lui, c'est don Paez! —Salut, mon bien-aimé!
D. Paez. Salut; —que le seigneur vous tienne sous son aide.
Juana. Etes-vous donc si las, Paez, ou suis-je laide,   450
    Que vous ne venez pas m'embrasser aujourd'hui?
D. Paez. J'ai bu de l'eau-de-vie à dîner, je ne puis.
Juana. Qu'avez-vous, mon amour? pourquoi fermer la porte
    Au verrou? don Paez a-t-il peur que je sorte?
D. Paez. C'est plus aisé d'entrer que de sortir, d'ici.   455
Juana. Vous êtes pâle, ô ciel! Pourquoi sourire ainsi?
D. Paez. Tout-à-l'heure, en venant, je songeais qu'une femme

Qui trahit son amour, Juana, doit avoir l'âme
Faite de ce métal faux, dont sont fabriqués
La mauvaise monnaie et les écus marqués.　　　　460
Juana. Vous avez fait un rêve aujourd'hui, je suppose?
D. Paez. Un rêve singulier. —Donc, pour suivre la chose,
Cette femme-là doit, disais-je, assurément,
Quelquefois se méprendre et se tromper d'amant.
Juana. M'oubliez-vous, Paez, et l'endroit où nous sommes?　465
D. Paez. C'est un péché mortel, Juana, d'aimer deux hommes.
Juana. Hélas! rappelez-vous que vous parlez à moi.
D. Paez. Oui, je me le rappelle; oui, par la sainte foi,
Comtesse.
Juana.　　　　Dieu! vrai Dieu! quelle folie étrange
Vous a frappé l'esprit, mon bien-aimé! mon ange!　　470
C'est moi, c'est ta Juana. —Tu ne le connais pas
Ce nom, qu'hier encor tu disais dans mes bras?
Et nos sermens, Paez, nos amours infinies!
Nos nuits, nos belles nuits! nos belles insomnies!
Et nos larmes, nos cris dans nos fureurs perdus!　　475
Ha mille fois malheur, il ne s'en souvient plus!

Et comme elle parlait ainsi, sa main ardente
Du jeune homme au hasard saisit la main pendante.
Vous l'eussiez vu soudain pâlir et reculer,
Comme un enfant transi qui vient de se brûler.　　480
—Juana, murmura-t-il, tu l'as voulu! sa bouche
N'en put dire plus long; car déjà sur la couche
Ils se tordaient tous deux, et sous les baisers nus
Se brisaient les sanglots du fond du cœur venus.
Oh! comme ensevelis dans leur amour profonde,　　485
Ils oubliaient le jour, et la vie, et le monde!
C'est ainsi qu'un nocher, sur les flots écumeux,
Prend l'oubli de la terre à regarder les cieux!

Mais, silence! écoutez. —Sur leur sein qui se froisse,
Pourquoi ce sombre éclair, avec ces cris d'angoisse?　490
Tout se tait. —Qui les trouble, ou qui les a surpris?
—Pourquoi donc cet éclair, et pourquoi donc ces cris?
—Qui le saura jamais? —Sous une nue obscure

La lune a dérobé sa clarté faible et pure.—
Nul flambeau, nul témoin. D'ailleurs, quand il est nuit,   495
Dans le cœur d'une femme un fer entre sans bruit.
—Qui le saura? —Pour moi, j'estime qu'une tombe
Est un asyle sûr où l'espérance tombe,
Où pour l'éternité l'on croise les deux bras,
Et dont les endormis ne se réveillent pas.   500

Les Marrons du Feu

DÉDIÉ A M. U. GUTTINGUER,
par son ami dévoué,
A. D. M.

PROLOGUE

Mesdames, et messieurs, c'est une comédie,
Laquelle, en vérité, ne dure pas long-temps;
Seulement que nul bruit, nulle dame étourdie
Ne fasse aux beaux endroits tourner les assistans.—
La pièce, à parler franc, est digne de Molière;   5
Qui le pourrait nier? Mon groom et ma portière
Qui l'ont lue en entier, en ont été contens.

Le sujet vous plaira, seigneurs, si Dieu nous aide;
Deux beaux fils sont rivaux d'amour. La signora
Doit être jeune et belle. —Et si l'actrice est laide,   10
Veuillez bien l'excuser. —Or, il arrivera
Que les deux cavaliers, grands teneurs de rancune,
Vont ferrailler d'abord. —N'en ayez peur aucune;
Nous savons nous tuer, personne n'en mourra.

Mais ce que cette affaire amènera de suites,   15
C'est ce que vous saurez, si vous ne sifflez pas.
N'allez pas nous jeter surtout de pommes cuites
Pour mettre nos rideaux et nos quinquets à bas.
Nous avons pour le mieux repeint les galeries.—
Surtout, considérez, illustres seigneuries,   20
Comme l'auteur est jeune, et c'est son premier pas.

PERSONNAGES

L'Abbé Annibal Desiderio	Porteurs, etc.
Rafael Garuci	La Camargo, Danseuse
Palforio, Hôtelier	Lætitia, sa Camariste
Matelots	Rose
Valets	Cydalise
Musiciens	

La Princesse. L'amour est la seule chose ici bas qui ne
veuille d'autre acheteur que lui-même.—C'est le
trésor que je veux donner ou enfouir à jamais; tel que
ce marchand, qui, dédaignant tout l'or du Rialto, et se
raillant des rois, jeta sa perle dans la mer, plutôt que
de la vendre moins qu'elle ne valait.
D. Carlos. Dieu tout puissant, cette femme est belle!

(Schiller)

SCENE I

Le bord de la mer. —Un orage.

1*er Matelot.* Au secours! il se noie! au secours, monsieur l'hôte!
Palforio. Qu'est-ce? qu'est-ce?
1*er Matelot.*   Un bateau d'échoué sur la côte.
Palforio. Par saint Polycarpo! Dieu l'ait en sa merci!
C'est celui du seigneur Rafael Garuci.
  (*En dehors*)
 Au secours!
1*er Matelot.*   Ils sont trois; on les voit se débattre. 5
Palforio. Trois! Jésus! Courons vite, on nous paîra pour quatre
Si nous en tirons un. —Le seigneur Rafael!
Nul n'est plus magnifique, et plus grand sous le ciel!
        (*Exeunt*)
(*Rafael est apporté, une guitare cassée à la main*)
Rafael. Ouf! —A-t-on pas trouvé là-bas une ou deux femmes
Dans le yatch?
2*me Matelot.*   Oui, seigneur.
Rafael.   Ce sont deux bonnes âmes. 10
Si vous les retirez, vous me ferez plaisir.
Ouf!
  (*Il s'évanouit*)
2*me Matelot.* Sa main se roidit. —Il tremble. —Il va mourir.
Entrons-le là dedans.
  (*Ils le portent dans une maison*)
3*me Matelot.*   Jean, sais-tu qui demeure
Là?
Jean. C'est la Camargo, par ma barbe, ou je meure.
3*me Matelot.* La danseuse?

3—CD'E * *

Jean.   Oui, vraiment; —la même qui jouait   15
  Dans le Palais d'Amour.—

Palforio (rentrant)   Messeigneurs, s'il vous plaît,
  Le seigneur Rafael est-il hors, je vous prie?

3me Matelot. Oui, monsieur.

Palforio.   L'a-t-on mis dans mon hôtellerie,
  Ce glorieux seigneur?

3me Matelot.   Non; on l'a mis ici.

Un Valet (sortant de la maison)
  De la part du seigneur Rafael Garuci,   20
  Remercîmens à tous, et voilà de quoi boire.

Matelots. Vive le Garuci!

Palforio.   Que Dieu serve sa gloire!
  Cet excellent seigneur a-t-il rouvert les yeux,
  S'il vous plaît?

Un Valet.   Grand merci, mon brave homme, il va mieux.
  Holà! retirez-vous! Ma maîtresse vous prie   25
  De laisser en repos dormir sa seigneurie.

SCENE II

Rafael, couché sur une chaise longue; La Camargo, assise.

Camargo. Rafael, avouez que vous ne m'aimez plus.

Rafael. Pourquoi? —d'où vient cela? —Vous me voyez perclus,
  Salé comme un hareng! —Suis-je, de grâce, un homme
  A vous faire ma cour? —Quand nous étions à Rome,   30
  L'an passé—

Camargo.   Rafael, avouez, avouez
  Que vous ne m'aimez plus.

Rafael.   Bon! comme vous avez
  L'esprit fait! —Pensez-vous, madame, que j'oublie
  Vos bontés?

Camargo.   C'est le vrai défaut de l'Italie,
  Que ses soleils de juin font l'amour passager.   35
  —Quel était près de vous ce visage étranger
  Dans ce yatch?

Rafael.   Dans ce yatch?

Camargo.   Oui.

Rafael.   C'était, je suppose,

Laure.—

Camargo.   Non.—

Rafael.   C'était donc la Cydalise, —ou Rose?—
Cela vous déplaît-il?—

Camargo.   Nullement. —La moitié
D'un violent amour, c'est presque une amitié,   40
N'est-ce pas?

Rafael.   Je ne sais. D'où nous vient cette idée?
Philosopherons-nous?

Camargo.   Je ne suis pas fâchée
De vous voir. —A propos, je voulais vous prier
De me permettre—

Rafael.   A vous? —Quoi?

Camargo.   De me marier.

Rafael. De vous marier?

Camargo.   Oui.

Rafael.   Tout de bon? —sur mon âme,   45
Vous m'en voyez ravi. Mariez-vous, madame!

Camargo. Vous n'en aurez nulle ombre, et nul déplaisir?

Rafael.   Non.—
Et, du nouvel époux peut-on dire le nom?
Foscoli, je suppose?

Camargo.   Oui, Foscoli lui-même.

Rafael. Parbleu! j'en suis charmé; c'est un garçon que j'aime,   50
Bonne lignée, et qui vous aime fort aussi.

Camargo. Et vous me pardonnez de vous quitter ainsi?

Rafael. De grand cœur! —Ecoutez. Votre amitié m'est chère,
Mais parlons franc. Deux ans! c'est un peu long. Qu'y faire?
C'est l'histoire du cœur. —Tout va si vite en lui!   55
Tout y meurt, comme un son; tout, excepté l'ennui!
Moi qui vous dis ceci, que suis-je? une cervelle
Sans fond. —La tête court, et les pieds après elle;
Et quand viennent les pieds, la tête au plus souvent
Est déjà lasse, et tourne où la pousse le vent!   60
Tenez, soyons amis, et plus de jalousie.
Mariez-vous. —Qui sait? s'il nous vient fantaisie
De nous reprendre, eh bien! nous nous reprendrons —hein?

Camargo. Très-bien.

Rafael.   Par Saint-Joseph! je vous donne la main

Pour aller à l'église, et monter en carrosse!   65
O bel hymen! —Ceci, c'est mon présent de noce,
    (*Il l'embrasse*)
Et j'y joindrai ceci, pour souvenir de moi.
Camargo. Quoi! votre éventail?
Rafael.   Oui. N'est-il pas beau, ma foi?
Il est large à-peu-près comme un quartier de lune,
Cousu d'or comme un paon. —Frais et joyeux comme une 70
Aile de papillon. —Incertain et changeant
Comme une femme. —Il a les paillettes d'argent
Comme Arlequin. —Gardez-le, il vous fera peut-être
Penser à moi; c'est tout le portrait de son maître.
Camargo. Le portrait en effet! —O malédiction!   75
Cahos! —O par le ciel, honte et dérision! . . .
Homme stupide, as-tu pu te prendre à ce piége
Que je t'avais tendu? —Dis! —Qui suis-je? —Que fais-je?
Va, tu parles avec un front mal essuyé
De nos baisers d'hier. —Ho! c'est honte, et pitié!   80
Va, tu n'es qu'une brute, et tu n'as qu'une joie
Insensée, en pensant que je lâche ma proie!
Quand je devrais aller, nus pieds, t'attendre au coin
Des bornes, si caché que tu sois, et si loin,
J'irai. —Crains mon amour, Garuc', il est immense   85
Comme la mer! —Ma fosse est ouverte, mais pense
Que je viendrai d'abord par le dos t'y pousser.
Qui peut lécher peut mordre, et qui peut embrasser
Peut étouffer. —Le front des taureaux en furie
Dans un cirque, n'a pas la cinquième partie   90
De la force que Dieu met aux mains des mourans.
Ho, je te montrerai si c'est après deux ans,
Deux ans de grincement de dents, et d'insomnie,
Qu'une femme pour vous s'est tachée, et honnie,
Qu'elle n'a plus au monde, et pour n'en mourir pas,   95
Que vous, que votre col où pendre ses deux bras,
Qu'elle porte un amour à fond, comme une lame
Torse, qu'on n'ôte plus du cœur, sans briser l'âme;
Si c'est alors qu'on peut la laisser, comme un vieux
Soulier, qui n'est plus bon à rien.
Rafael.   Ha, les beaux yeux!   100

Quand vous vous échauffez ainsi, comme vous êtes
Jolie!
Camargo.   Ho! laissez-moi, monsieur, ou je me jette
Le front contre ce mur!—
Rafael (*l'attirant*)   Là, là, modérez-vous.
Ce mur vous ferait mal; ce fauteuil est plus doux.
Ne pleurez donc pas tant. —Ce que j'ai dit, mon ange,   105
Après votre demande, était-il donc étrange?
Je croyais vous complaire, en vous parlant ainsi;
Mais —je n'en pensais pas une parole.—
Camargo.   Oh si!
Si! vous parliez franc.
Rafael.   Non! L'avez-vous bien pu croire!
Vous me faisiez un conte, et j'ai fait une histoire!   110
Calmez-vous. —Je vous aime autant qu'au premier jour.—
Ma belle! —mon bijou! mon seul bien! —mon amour!—
Camargo. Ho! je te lècherais, couvert de lèpres!—*
Rafael.   Songe
Que tu m'avais fait là, petite, un gros mensonge;
Il m'était bien permis de te le rendre un peu.   115
Voyons —laissons ces pleurs! ces gros soupirs!
Camargo.   Mon Dieu,
Mon Dieu, pardonnez-lui, s'il me trompe!
Rafael.   Cruelle,
Doutez-vous de ma flamme, en vous voyant si belle?
   (*Il tourne la glace*)
Dis, l'amour, qui t'a fait l'œil si noir, ayant fait
Le reste de ton corps d'une goutte de lait?   120
Parbleu! quand ce corps-là de sa prison s'échappe,
Gageons qu'il passerait par l'anneau d'or du pape!
Camargo. Allez voir s'il ne vient personne.
Rafael (*à part*)   Ha! quel ennui!
Camargo (*seule un moment, le regardant s'éloigner*)
—Cela ne se peut pas. —Je suis trompée! Et lui
Se rit de moi. Son pas, son regard, sa parole,   125
Tout me le dit. —Malheur! O je suis une folle!
Rafael (*revenant*) Tout se tait au-dedans comme au-dehors! Ma foi,

---

*On peut passer ce vers et les trois suivants.

Vous avez un jardin superbe.
Camargo.   Ecoutez-moi;
J'attends de votre amour une marque certaine.
Rafael. On vous la donnera.
Camargo.   Ce soir je pars pour Vienne;   130
M'y suivrez-vous?
Rafael.   Ce soir! —Etait-ce pour cela
Qu'il fallait regarder si l'on venait?
Camargo.   Holà!
Lætitia! Lafleur! Pascariel!
Lætitia (entrant)   Madame?
Camargo. Demandez mes chevaux pour ce soir.
   (Exit Lætitia)
Rafael.   Sur mon âme
Vous chevaux crèveront, madame, assurément.   135
Camargo. Me suivrez-vous?
Rafael.   Ce soir! à Vienne? —Non vraiment,
Je ne puis.
Camargo.   Adieu donc, Garuci. Je vous laisse.—
Je pars seule. —Soyez plus heureux en maîtresse.
Rafael. En maîtresse? heureux? moi? —Ma parole d'honneur,
Je n'en ai jamais eu.
Camargo (hors d'elle)   Qu'étais-je donc?
Rafael.   Mon cœur,   140
Ne recommencez pas à vous fâcher.
Camargo.   Et celle
De tantôt? Quels étaient ces instrumens? —Et quelle
Cette femme? —J'ai vu! —Me la veux-tu cacher?
Quelque fille, à coup sûr. —J'irai lui cravacher
La figure!—
Rafael.   Ah! tout beau, ma belle Bradamante!   145
Tout-à-l'heure, voyez, vous étiez si charmante.
Camargo. Tout-à-l'heure j'étais insensée; —à présent
Je suis sage!—
Rafael.   Eh mon Dieu! l'on vous fâche en faisant
Vos plaisirs! —J'étais là, près de vous. —Vous me dite
D'aller là regarder si l'on vient. —Je vous quitte,   150
Je reviens. —Vous partez pour Vienne! Par la croix
De Jésus, qui saurait comment faire?

Camargo.   Autrefois,
  Quand je te disais: «Va!» c'était à cette place!
    (*Montrant son lit*)
  Tu t'y couchais —sans moi. —Tu m'appelais par grace!—
  Moi, je ne venais pas. —Toi, tu priais. —Alors   155
  J'approchais, lentement. —Et tes bras étaient forts
  Pour m'y faire tomber sur ton cœur! —Mes caprices
  Etaient suivis alors, —et tous étaient justices.
  Tu ne te plaignais pas; —c'était toi qui pleurais!
  Toi qui devenais pâle, et toi qui me nommais   160
  Ton inhumaine! —Alors, étais-je ta maîtresse?
Rafael (*se jetant sur le lit*)
  Mon inhumaine, allons! Ma reine! ma déesse!
  Je vous attends, voyons! Les champs-clos sont rompus!
  M'osez-vous tenir tête?
Camargo (*dans ses bras*)   Ah! tu ne m'aimes plus!

SCENE III

(*Devant la maison de la Camargo*)

*L'Abbé Annibal Desiderio, descendant de sa chaise,
Musiciens.*

L'Abbé. Holà! dites, marauds —est-ce pas là que loge   165
  La Camargo?
Un Porteur.   Seigneur, c'est là. —Proche l'horloge
  Saint-Vincent, tout devant; ces rideaux que voici
  C'est sa chambre à coucher.
L'Abbé.   Voilà pour toi. —Merci.
  Parbleu! cette soirée est propice, et je pense
  Que mes feux pourraient bien avoir leur récompense;   170
  La lune ne va pas tarder à se lever;
  La chose au premier coup peut ici s'achever.
  Têtebleu! c'est le moins qu'un homme de ma sorte
  Ne s'aille pas morfondre à garder une porte;
  Je ne suis pas des gens qu'on laisse s'enrouer.   175
  —Or, vous autres coquins, qu'allez-vous nous jouer?
  —Piano, signor Basson. —Amoroso! la dame
  Est une oreille fine! —Il faudrait à ma flamme
  Quelque mi bémol, —hein? Je m'en vais me cacher

Sous ce contre-vent-là; c'est sa chambre à coucher,   180
N'est-ce pas?

Un Porteur.　　　　　　Oui, seigneur.

L'Abbé.　　　　　　　　　Je ne puis trop vous dire
D'aller bien lentement. —C'est un cruel martyre
Que le mien! Têtebleu, je me suis ruiné
Presque à moitié, le tout pour avoir trop donné
A mes divinités de soupers et d'aubades.   185

Musiciens. Andantino, seigneur!

　　(Musique)

L'Abbé.　　　　　　Tous ces airs là sont fades.
Chantez tout bonnement: «Belle Philis,» ou bien:
«Ma Clymène.»

Musiciens.　　　　Allegro, seigneur!

　　(Musique)

L'Abbé.　　　　　　　　Je ne vois rien
A cette fenêtre. —Hum!

　　(La musique continue)

　　　　　　　　　Point. —C'est une barbare.
—Rien ne bouge. —Allons, paix! Donne-moi ta guitare! 190

　　(Il prend une guitare)

Fi donc! pouah!

　　(Il en prend une autre)

　　　　　　Hum! je vais chanter, moi. —Ces marauds,
Je crois, se sont donné le mot pour chanter faux.

　　(Il chante)

　　«Pour tant de peine et tant d'émoi,»
Hum! mi, mi, la.

　　«Pour tant de peine et tant d'émoi,»
　　　　　　Mi, mi. —Bon.

　　«Pour tant de peine et tant d'émoi,
　　Où vous m'avez jeté, Chimène,
　　Ne me soyez point inhumaine,
　　Et, s'il se peut, secourez-moi,
　　　　Pour tant de peine!»

　　　　　　　　　Quoi! rien ne remue!
Va-t-elle me laisser faire le pied de grue?
Têtebleu, nous verrons!

　　(Il chante)

«De tant de peine, mon amour . . .»

Rafael (sortant de la maison, s'arrête sur le pas
de la porte) Ah! ah! monsieur l'abbé   195
Desiderio! —Parbleu, vous êtes mal tombé.

L'Abbé. Mal tombé, monsieur! —Mais, pas si mal. Je vous chasse,
Peut-être?

Rafael. Point du tout; je vous laisse la place.
Sur ma parole, elle est bonne à prendre, et, de plus,
Toute chaude.

L'Abbé. Monsieur, monsieur, pour faire abus   200
Des oreilles d'un homme, il ne faut pas une heure,
Il ne faut qu'un mot.

Rafael. Vrai? j'aurais cru, que je meure,
Les vôtres, en ce point, moins promptes, aux façons
Dont les miennes d'abord avaient pris vos chansons.

L'Abbé. Tête et ventre, monsieur! Faut-il qu'on vous les coupe? 205

Rafael. Là, tout beau, sire! Il faut d'abord, moi, que je soupe.
Je ne me suis jamais battu sans y voir clair,
Ni couché sans souper.

L'Abbé. Pour quelqu'un du bel air,
Vous sentez le mauvais soupeur, mon gentilhomme.
        (*Le touchant*)
Ce vieux surtout mouillé! Qu'est-ce donc qu'on vous nomme? 210

Rafael. On me nomme seigneur Vide-Bourse, casseur
De pots; c'est en anglais, blockhead, maître tueur
D'abbés. —Pour le seigneur Garuci, c'est son père
Le plus communément qui couche avec ma mère.

L'Abbé. S'il y couche demain, il court, je lui prédis,   215
Risque d'avoir pour femme une mère sans fils.
Votre logis?

Rafael. Hôtel du Dauphin Bleu. La porte
A droite, au petit Parc.

L'Abbé. Vos armes.

Rafael. Peu m'importe;
Fer ou plomb, balle ou pointe.

L'Abbé. Et votre heure?

Rafael. Midi.
        (*L'abbé le salue et retourne à sa chaise*)
Ce petit abbé-là m'a l'air bien dégourdi.   220

Parbleu, c'est un bon diable, —il faut que je l'invite
A souper. —Hai, monsieur, n'allez donc pas si vite!

L'Abbé. Qu'est-ce, monsieur?

Rafael. Vos gens s'ensauvent, comme si
La fièvre à leurs talons les emportait d'ici.

Demeurez; pour l'amour de Dieu, que je vous pose   225
Un problème d'algèbre. —Est-ce pas une chose
Véritable, et que voit quiconque a l'esprit sain,
Que la table est au lit ce qu'est la poire au vin?

De plus, deux gens de bien, à s'aller mettre en face
Sans s'être jamais vus, ont plus mauvaise grâce   230
Assurément, que, quand il pleut, une catin
A descendre de fiacre en souliers de satin.

Donc, si vous m'en croyez, nous souperons ensemble;
Nous nous connaîtrons mieux pour demain. Que t'en semble,
Abbé?

L'Abbé. Parbleu, marquis, je le veux, et j'y vais.   235
    (*Il sort de sa chaise*)

Rafael. —Voilà les musiciens qui sont déjà trouvés.
Et pour la table, —holà, Palforio! l'auberge!
    (*Frappant*)
Cette porte est plus rude à forcer, qu'une vierge.
Palforio, manant tripier, sac à boyaux!
Vous verrez qu'à cette heure, ils dorment, les bourreaux! 240
    (*Il jette une pierre dans la vître*)

Palforio (*à la fenêtre*) Quel est le bon plaisir de votre courtoisie?

Rafael. Fais-nous faire à souper. Certe, l'heure est choisie
Pour nous laisser ainsi casser tous les carreaux!
Dépêche, sac à vin. —Pardieu! si j'étais gros
Comme un muid, comme toi, je dirais qu'on me porte   245
En guise d'écriteau sur le pas de ma porte.
On saurait où me prendre au moins.

Palforio. Excusez-moi,
Très-excellent seigneur.

Rafael. Allons, démène-toi.
Vite! va mettre en l'air ta marmitonnerie.
Donne-nous ton meilleur vin et ta plus jolie   250
Servante, embroche tout; tes oisons, tes poulets,
Tes veaux, tes chiens, tes chats, ta femme et tes valets!

—Toi, l'abbé, passe donc; en joie! et pour nous battre
Après, nous taperons, vive Dieu! comme quatre.

SCENE IV

La loge de la Camargo. On la chausse.

Camargo. Il ira. —Laissez-moi seule, et ne manquez pas   255
Qu'on me vienne avertir, quand ce sera mon pas.

—C'est la règle, ô mon cœur! Il est sûr qu'une femme
Met dans une âme aimée une part de son âme.
Sinon d'où pourrait-elle et pourquoi concevoir
La soif d'y revenir, et l'horreur d'en déchoir?   260
Au contraire un cœur d'homme est comme une marée
Fuyarde des endroits qui l'ont mieux attirée.
Voyez qu'en tout lien, l'amour à l'un grandit
Et par le tems empire, à l'autre refroidit.
L'un, ainsi qu'un cheval qu'on pique à la poitrine,   265
En insensé toujours contre la javeline
Avance, et se la pousse au cœur jusqu'à mourir.
L'autre, dès que ses flancs commencent à s'ouvrir,
Qu'il sent le froid du fer, et l'aride morsure
Aller chercher le cœur au fond de la blessure,   270
Il prend la fuite en lâche, et se sauve d'aimer.—
Ha, que puissent mes yeux quelque part allumer
Une plaie, à la mienne en misère semblable,
Et je serai plus dure, et plus inexorable
Qu'un pauvre pour son chien, après qu'un jour entier   275
Il a dit: «Pour l'amour de Dieu!» —sans un denier.
—Suis-je pas belle encor? —Pour trois nuits mal dormies,
Ma joue est-elle creuse? ou mes lèvres blêmies?
Vrai Dieu, ne suis-je plus la Camargo? —Sait-on
Sous mon rouge d'ailleurs, si je suis pâle, ou non?   280
Va, je suis belle, encor! —C'est ton amour, perfide
Garuci, que déjà le tems efface et ride,
Non mon visage. —Un nain contrefait et boiteux
Voulant jouer Phœbus, lui ressemblerait mieux
Qu'aux façons d'une amour fidèle et bien gardée   285
L'allure d'une amour défaillante et fardée.

Ha, c'est de ce matin que ton cœur m'est connu,
Car en le déguisant tu me l'as mis à nu.
Certe, c'est un loisir magnifique et commode
Que la paisible ardeur d'une intrigue à la mode!　　290
—Qu'est-ce alors? —C'est un flot qui nous berce rêvant!
C'est l'ombre qui s'enfuit d'une fumée au vent!
Mais que l'ombre devienne un spectre, et que les ondes
S'enfoncent sous les pieds, vivantes et profondes,
Le mal aimant recule, et le bon reste seul.　　295
Ho, que dans sa douleur ainsi qu'en un linceul
Il se couche à cette heure et dorme! La pensée
D'un homme, est de plaisirs et d'oublis traversée;
Une femme ne vit et ne meurt que d'amour:
Elle songe une année à quoi lui pense un jour!　　300

Lætitia (*entrant*) Madame, on vous attend à la troisième scène.

Camargo. Est-ce la Monanteuil ce soir, qui fait la reine?

Lætitia. Oui, madame, et monsieur de Monanteuil, Sylvain.

Camargo. Fais porter cette lettre à l'hôtel du Dauphin.—

SCENE V

Une salle à manger, très-riche.

Garuci, à table, avec l'Abbé Annibal. Musiciens.

Rafael. Oui, mon abbé, voilà comme, une après-dînée,　　305
Je vis, pris, et vainquis la Camargo, l'année
Dix-sept cent soixante-un de la nativité
De Notre-Seigneur.

L'Abbé.　　　　—Triste, oh! triste, en vérité!—

Rafael. Triste, Abbé? —Vous avez le vin triste? —Italie,
Voyez-vous, à mon sens, c'est la rime à folie.　　310
Quant à mélancolie, elle sent trop les trous
Aux bas, le quatrième étage, et les vieux sous.
On dit qu'elle a des gens qui se noient pour elle.—
—Moi, je la noie.
　　(*Il boit*)

L'Abbé.　　　　Et quand vous eûtes cette belle
Camargo, vous l'aimiez fort?

Rafael (*il boit*)　　　　Oh! très-fort —et puis　　315
A vous dire le vrai, je m'y suis très-bien pris.

Contre un doublon d'argent un cœur de fer s'émousse.
Ce fut, le premier mois, l'amitié la plus douce
Qui se puisse inventer. Je m'en allais la voir,
Comme ça, tout au saut du lit — ou bien le soir   320
Après le spectacle. —Ho! c'était une folie
Dans ce tems-là! —Pauvre ange! —Elle était bien jolie.
Si bien, qu'après un mois, je cessai d'y venir.
Elle de remuer terre et ciel — moi de fuir.—
Pourtant je fus trouvé —reproches, pleurs, injure,   325
Le reste à l'avenant. —On me nomma parjure,
C'est le moins. —Je rompis tout net. —Bon —cependant
Nous nous allions fuyant et l'un l'autre oubliant.
—Un beau soir, je ne sais comment se fit l'affaire,
La lune se levait cette nuit là, si claire,   330
Le vent était si doux, l'air de Rome est si pur,
—C'était un petit bois qui cotoyait un mur,
Un petit sentier vert, —je le pris —et Jean, comme
Devant, je m'en allai l'éveiller dans son somme.
L'Abbé. Et vous l'avez reprise?
Rafael (*cassant son verre*)   Aussi vrai que voilà   335
Un verre de cassé. —Mon amour s'en alla
Bientôt. —Que voulez-vous? moi, j'ai donné ma vie
A ce Dieu fainéant, qu'on nomme fantaisie.
C'est lui, qui triste ou fol, de face ou de profil,
Comme un polichinel me traîne au bout d'un fil;   340
Lui, qui tient les cordons de ma bourse, et la guide
De mon cheval; jaloux, badaud, constant, perfide,
En chasse au point du jour dimanche, et vendredi
Cloué sur l'oreiller jusque et passé midi.
Ainsi je vais en tout —plus vain que la fumée   345
De ma pipe. —Accrochant tous les pavés. —L'année
Dernière, j'étais fou de chiens, d'abord, et puis
De femmes. —Maintenant, ma foi, je ne le suis
De rien. —J'en ai bien vu, des petites princesses!
La première surtout m'a mangé de caresses;   350
Elle m'a tant baisé, pommadé, balloté!
C'est fini, voyez-vous — celle-là m'a gâté.
Quant à la Camargo, vous la pouvez bien prendre
Si le cœur vous en dit; mais je me veux voir pendre

Plutôt que si ma main de sa nuque approchait.   355
L'Abbé. Triste!
Rafael.   Encore triste, abbé?
     (*Aux musiciens*)
                         Hai! messieurs de l'archet,
En ut! égayez donc un peu sa courtoisie.
     (*Musique*)
Ma foi, voilà deux airs très-beaux.
     (*Il parle en se promenant, pendant que l'orchestre joue piano*)
                         La poésie,
Voyez-vous, c'est bien. —Mais, la musique, c'est mieux.
Pardieu, voilà deux airs qui sont délicieux;   360
La langue sans gosier n'est rien. —Voyez le Dante;
Son Séraphin doré ne parle pas, —il chante!
C'est la musique, moi, qui m'a fait croire en Dieu.
—Hardi, ferme, poussez —crescendo!
                         Mais, parbleu!
L'abbé s'est endormi. —Le voilà sous la table.   365
C'est vrai qu'il a le vin mélancolique en diable!
O doux, ô doux sommeil! ô baume des esprits!
Reste sur lui, sommeil! dormir quand on est gris,
C'est, après le souper, le premier bien du monde.
Palforio (*entrant*) Une lettre, seigneur.
Rafael (*après avoir lu*)   Que le ciel la confonde!   370
Dites que je n'irai, certes, pas. —Attendez!
Si, —c'est cela, —parbleu! —je, non — si fait, restez.
Dites que j'irai,
     (*Exit Palforio*)
                    Bon, l'aventure est divine.
Hai, l'abbé! —Hai, seigneur Annibal! J'imagine
Qu'il est mort. Hai, porteur de rabats! Sur mon âme,   375
Il ronfle en enragé.
L'Abbé.   Pardonnez-moi, madame,
Est-ce que je dormais?
Rafael.   Hai! voulez-vous avoir
La Camargo, l'ami?
L'Abbé (*se levant*)   Tête et ventre, ce soir?
Rafael. Ce soir, même. —Ecoutez bien, —elle doit m'attendre
Avant minuit, —il est onze heures, —il faut prendre   380

Mon habit, —
                    (*L'abbé se déboutonne*)
            Me donner le vôtre.
                    (*L'abbé ôte son manteau*)
                                Vous irez
A la petite porte, et là vous tousserez
Deux fois; toussez un peu.
L'Abbé.   Hum! hum!
Rafael.   C'est à merveille.
Nous sommes à-peu-près de stature pareille.
Changeons d'habit.—
    (*Ils changent*)
                        Parbleu! cet habit de cafard   385
Me donne l'encolure et l'air d'un escobard.
Le marquis Annibal! —l'abbé Garuci! —Certe,
Le tour est des meilleurs. Or donc, la porte ouverte,
On vous introduira piano. —Mais n'allez pas
Perdre la tête là. —Prenez-la dans vos bras,   390
Et tout d'abord du poing renversez la chandelle.—
L'alcove est à main droite en entrant. —Pour la belle,
Elle ne dira mot, ne réponds rien.—
L'Abbé.   J'y vais.
Marquis, c'est à la vie, à la mort. —Si jamais
Ma maîtresse te plaît, à tel jour, à telle heure   395
Que ce soit, écris-moi trois mots, et que je meure
Si tu ne l'as le soir.
    (*Il sort*)
Rafael (*lui crie par la fenêtre*)   L'abbé, si vous voulez
Qu'on vous prenne pour moi tout-à-fait, embrassez
La servante en entrant. —Holà! marauds, qu'on dise
A quelqu'un de m'aller chercher la Cydalise!   400

SCENE VI
Chez la Camargo.

Camargo (*entrant*) Déchausse-moi. —J'étouffe! —A-t-on mis
    mon billet?
Lætitia. Oui, madame.
Camargo.   Et qu'a-t-on répondu?

Lætitia.   Qu'il viendrait.

Camargo. Etait-il seul?

Lætitia.   Avec un abbé.—

Camargo.   Qui se nomme . . .?

Lætitia. Je ne sais pas. —Un gros, joufflu, court, petit homme.

Camargo. Lætitia.

Lætitia.   Madame?

Camargo.   Approchez un peu. —J'ai   405
  Depuis le mois dernier, bien pâli, bien changé,
  N'est-ce pas? Je fais peur. —Je ne suis pas coiffée,
  Et vous me serrez tant, je suis toute étouffée.

Lætitia. Madame a le plus beau teint du monde, ce soir.

Camargo. Vous croyez? —Relevez ce rideau. —Viens t'asseoir   410
  Près de moi. —Penses-tu, toi, que pour une femme
  C'est un malheur d'aimer, —dans le fond de ton âme?

Lætitia. Un malheur, quand on est riche!

L'Abbé (dans la rue)

                    Hum!

Camargo.   N'entends-tu pas
  Qu'on a toussé? —Pourtant ce n'était point son pas.

Lætitia. Madame, c'est sa voix. —Je vais ouvrir la porte.   415

Camargo. Versez-moi ce flacon sur l'épaule.

  (*La Camargo reste un moment seule, en silence.*

  *Lætitia rentre, accompagnée de l'abbé sous le manteau du Garuci, puis
  se retire aussitôt. Le coin du manteau accroche en passant la lampe,
  et la renverse.*)

L'Abbé (se jetant à son cou)   Ho!

  (*La Camargo est assise; elle se lève, et va à son alcove. L'abbé la suit
  dans l'obscurité. Elle se retourne et lui tend la main; il la saisit.*)

Camargo.   Main forte!
  Au secours! Ce n'est pas lui!

     (*Tous deux restent immobiles un instant*)

L'Abbé.   Madame, en pensant—

Camargo. Au guet! —Mais quel est donc cet homme?

L'Abbé (lui mettant son mouchoir sur la bouche) Ha, tête et sang,
  Ma belle dame, un mot. —Je vous tiens, quoi qu'on fasse.
  Criez si vous voulez; mais il faut qu'on en passe   420
  Par mes volontés.

Camargo (étouffant)   Heuh!

L'Abbé.   Ecoute! —Si tu veux
Que nous passions une heure à nous prendre aux cheveux,
A ton gré, je le veux aussi, mais je te jure
Que tu n'y peux gagner beaucoup. —Et sois bien sûre
Que tu n'y perdras rien. —Madame, au nom du ciel,   425
Vous allez vous blesser. —Si mon regret mortel
De vous offenser, si—
Camargo (arrache la boucle de sa ceinture et l'en frappe au visage)
                          Tu n'es qu'un misérable
Assassin. —Au secours!
L'Abbé.   Soyez donc raisonnable,
Madame! calmez-vous. —Voulez-vous que vos gens
Fassent jaser le peuple, ou venir les sergens?   430
Nous sommes seuls, la nuit, — et vous êtes trompée
Si vous pensez qu'on sort à minuit sans épée.
Lorsque vous m'aurez fait éventrer un valet
Ou deux, m'en croira-t-on moins heureux, s'il vous plaît?
Et n'en prendra-t-on pas le soupçon légitime,   435
Qu'étant si criminel, j'ai commis tout le crime?
Camargo. Et qui donc es-tu, toi, qui me parles ainsi?
L'Abbé. Ma foi, je n'en sais rien. —J'étais le Garuci
Tout-à-l'heure; à présent—
Camargo (le menant à l'endroit de la fenêtre où donne la lune)
                          Viens ici. —Sur ta vie
Et le sang de tes os, réponds. —Que signifie   440
Ce chiffre?
L'Abbé.   Ah! pardonnez, madame, je suis fou
D'amour de vous. —Je suis venu sans savoir où.
Ha, ne me faites pas cette mortelle injure,
Que de me croire un cœur fait à cette imposture!
Je n'étais plus moi-même, et le ciel m'est témoin   445
Que de vous mériter nul n'a pris plus de soin.
Camargo. Je te crois volontiers en effet la cervelle
Troublée. —Et cette plaque enfin, d'où te vient-elle?
L'Abbé. De lui.
Camargo.   Lui! —L'as-tu donc égorgé?
L'Abbé.   Moi? Non point!
Je l'ai laissé très-vif, une bouteille au poing.   450
Camargo. Quel jeu jouons-nous donc?

L'Abbé.   Ha! madame, lui-même
Ne pouvait-il pas seul trouver ce stratagême?
Et ne voyez-vous point que lui seul m'a donné
Ce dont je devais voir mon amour couronné?
Et quel autre que lui m'eût dit votre demeure?   455
M'eût prêté ces habits? m'eût si bien marqué l'heure?
Camargo. Rafael! Rafael! le jour que de mon front
Mes cheveux sur mes pieds un à un tomberont;
Que ma joue et mes mains bleûiront comme celles
D'un noyé, que mes yeux laisseront mes prunelles   460
Aller avec mes pleurs, alors tu penseras
Que c'est assez souffert, et tu t'arrêteras!
L'Abbé. Mais—
Camargo.   Et quel homme encor me met-il à sa place?
De quelle fange est l'eau qu'il me jette à la face?
Viens, toi. —Voyons lequel est écrit dans tes yeux   465
Du stupide ou du lâche, ou si c'est tous les deux?
L'Abbé. Madame,—
Camargo.   Je t'ai vu quelque part.
L'Abbé.   Chez le comte
Foscoli.
Camargo.   C'est cela. —Si ce n'était de honte,
Ce serait de pitié, qu'à te voir ainsi fait
Comme un bouffon manqué, le cœur me lèverait!   470
Voyons; qu'avais-tu bu? dans cette violence,
Pour combien est l'ivresse, et combien l'impudence?
Va, je te crois sans peine, et lui seul sûrement
Est le joueur ici, qui t'a fait l'instrument.
Mais, écoute. —Ceci vous sera profitable.—   475
Va-t-en le retrouver, s'il est encore à table;
Dis-lui bien ton succès, et que quand il voudra
Prêter à ses amis des filles d'Opéra,—
L'Abbé. D'Opéra! —Hé parbleu, vous seriez bien surprise
Si vous saviez qu'il soupe avec la Cydalise.   480
Camargo. Quoi! Cydalise!
L'Abbé.   Hé oui. Gageons que l'on entend
D'ici les musiciens, s'il fait un peu de vent.
        (*Tous deux prêtent l'oreille à la fenêtre. On entend une
        symphonie lente dans l'éloignement*)

Camargo. Ciel et terre, c'est vrai!
L'Abbé.   C'est ainsi qu'il oublie
  Auprès d'elle, qui n'est ni jeune ni jolie,
  La perle de nos jours! Ha, madame, songez   485
  Que vos attraits surtout par-là sont outragés.
  Songez au temps, à l'heure, à l'insulte, à ma flamme,
  Croyez que vos bontés . . .
Camargo.   Cydalise!
L'Abbé.   Hé, madame,
  Ne daignerez-vous pas baisser vos yeux sur moi?
  Si le plus absolu dévoûment . . .
Camargo.   Lève-toi!   490
  As-tu le poignet ferme?
L'Abbé.   Hai.
Camargo.   Voyons ton épée.
L'Abbé. Madame, en vérité, vous vous êtes coupée.
Camargo. Hé quoi! pâle avant l'heure, et déjà faiblissant?
L'Abbé. Non pas, mais têtebleu! voulez-vous donc du sang?
Camargo. Abbé, je veux du sang. J'en suis plus altérée   495
  Qu'une corneille, au vent d'un cadavre attirée.
  Il est là-bas, dis-tu? — cours-y donc, — coupe-lui
  La gorge, et tire-le par les pieds jusqu'ici.
  Tords-lui le cœur, abbé, de peur qu'il n'en échappe.
  Coupe-le en quatre, et mets les morceaux dans la nappe,   500
  Tu me l'apporteras, et puisse m'écraser
  La foudre, si tu n'as par blessure un baiser!
  Tu tressailles, Romain? C'est une faute étrange
  Si tu te crois ici, conduit par ton bon ange!
  Le sang te fait-il peur? Pour t'en faire un manteau   505
  De cardinal, il faut la pointe d'un couteau.
  Me jugeais-tu le cœur si large, que j'y porte
  Deux amours à-la-fois, et que pas un n'en sorte?
  C'est une faute encor. —Mon cœur n'est pas si grand;
  Et le dernier venu ronge l'autre en entrant.   510
L'Abbé. Mais, madame, vraiment. —C'est. —Est-ce que?
      —Sans doute,
  C'est un assassinat. —Et la justice?
Camargo.   Ecoute.
  Je t'en supplie à deux genoux.

L'Abbé.   Mais je me bats
Avec lui demain, moi. Cela ne se peut pas;
Attendez à demain, madame.—

Camargo.   Et s'il te tue?—   515
Demain! et si j'en meurs? —Si je suis devenue
Folle? Si le soleil se prenant à pâlir,
De ce sombre horizon ne pouvait pas sortir?
On a vu quelquefois de telles nuits au monde.
Demain! Le vais-je attendre à compter par seconde   520
Les heures sur mes doigts, ou sur les battemens
De mon cœur, comme un juif qui calcule le tems
D'un prêt? —Demain ensuite, irai-je pour te plaire
Jouer à croix ou pile, et mettre ma colère
Au bout d'un pistolet, qui tremble avec ta main?   525
Non pas. —Non! Aujourd'hui est à nous, mais demain
Est à Dieu!—

L'Abbé.   Songez donc.—

Camargo.   Annibal, je t'adore!
Embrasse-moi!
     (*Il se jette à son cou*)

L'Abbé.   Démons!!—

Camargo.   Mon cher amour, j'implore
Votre protection. —Voyez qu'il se fait tard.—
Me refuserez-vous? —Tiens, tiens, prends ce poignard.   530
Qui te verra passer? il fait si noir!

L'Abbé.   Qu'il meure,
Et vous êtes à moi?

Camargo.   Cette nuit.

L'Abbé.   Dans une heure.
Ha, je ne puis marcher. —Mes pieds tremblent. —Je sens,
Je—je vois—

Camargo.   Annibal, je suis prête, et j'attends.

SCENE VII

A l'auberge.

Rafael est assis, avec Rose et Cydalise.
Rafael chante
«Trivelin, ou Scaramouche,
Remplis ton verre à moitié;
Si tu le bois tout entier,
Je dirai que tu te mouche
Du pied.»
Je ne sais pas au fond de quelle pyramide   535
De bouteilles de vin, au cœur de quel broc vide
S'est caché le démon qui doit me griser, mais
Je désespère encor de le trouver jamais.
Cydalise. A toi, mon prince!
Rafael.   A toi! Buvons à mort, déesse!
Ma foi, vive l'amour! Au diable ma maîtresse!   540
La vie est à descendre un rude grand chemin;
Gai donc, la voyageuse, au coup du pélerin!
Cydalise. Chante, je vais danser.
Rafael.   Bien dit. —Ha, la jolie
Jambe!
      (*Il se couche aux pieds de Rose, et prélude*)
          Je suis Hamlet aux genoux d'Ophélie.
Mais, reine, ma folie est plus douce, et mes yeux   545
Sous vos longs sourcils noirs invoquent d'autres dieux.
      (*Il chante*)
              «Si dans les antres de Gnide,
              Au bras de Vénus porté
              Le vieux Jupiter, que ride
              Sa vieille immortalité,
              Sous la céleste furie,
              Me laissait finir sa vie,
              Qui jamais ne finira;
              Dieux immortels, que je meure!
              J'aimerais mieux un quart-d'heure
              Chez la blanche Lydia.»
Que j'aime ces beaux seins qui battent la campagne!
Au menuet, danseuse! —Et vous, du vin d'Espagne.

(*A Rose*)

Et laissez vos regards avec le vin couler.

Dieu merci, ma raison commence à s'en aller!   550

Cydalise. Tu me laisses danser toute seule?

Rafael.   Ma reine,

Cela n'est pas bien dit.

   (*Il se lève*)

                              Cette table nous gêne.

   (*Il la renverse du pied*)

Palforio (*entrant*) Seigneur, je ne puis dire autre chose, sinon,

Que de vous déranger je demande pardon,

Mais vous faites un bruit bien fort, et qui fait mettre   555

Autour de ma maison le monde à la fenêtre.

Veuillez crier moins haut.

Rafael.   Ha! parbleu! je crierai,

Maître porte-bedaine, autant que je voudrai.

Hola! hé! ohé! ho!

Palforio.   Seigneur, je vous supplie

D'observer qu'il est tard.

Rafael.   Allons, paix, vieille truie.   560

Je suis abbé, d'abord. —Si vous dites un mot,

Je vous excommunie. —Arrière, toi, pied-bot!

   (*Il danse en chantant*)

            «Monsieur l'abbé, où courez-vous?

            Vous allez vous casser le cou.»

Palforio. Seigneur, si vous criez, j'irai chercher la garde;

J'en demande pardon à votre honneur.—

Rafael.   Prends garde,

Que mon pied n'aille voir tes chausses.

Palforio.   Aye! à moi!   565

Je suis mort.

Rafael.   Ventrebleu, je suis ici chez toi;

J'y suis pour mon plaisir, et n'en sortirai mie.

Palforio. Seigneur, excusez-moi; c'est mon hôtellerie,

Et vous en sortirez. —A la garde!

Rafael (*lui jetant une bouteille à la tête*)   Tiens.

Palforio.   Ha!

   (*Il tombe*)

Cydalise. Vous l'avez tué?

Rafael.   Non.
Cydalise.   Si fait.
Rafael.   Non!
Rose.   Si fait.
Rafael.   Bah!   570
    (*Il le secoue*)
Hai, Palforio, vieux porc! Il sait mieux que personne
Où vont, après leur mort, les gredins. —Je m'étonne
Que Satan ou Pluton, dès la première fois,
Dans cette nuque chauve aient enfoncé les doigts.
Ma foi, bonsoir. —Le drôle a soufflé sa chandelle.   575
Adieu, ventre sans tête. —Il faut partir, ma belle.
Les sergens nous feraient payer les pots. —Allons.
C'est dur de nous quitter si tôt. —Allons, partons.
Je le croyais plus ferme, et que les vieilles âmes
Se rouillaient à l'étui comme les vieilles lames.   580
Cydalise. Paix, on vient.
Voix.   Au guet!
Rafael.   Hein? Je crois que les bourreaux
Sont gens, Dieu me pardonne, à quérir les prévôts.
Ne les attendons pas, mon ange. —Cette issue
Secrète nous conduit, par la petite rue,
A mon hôtel.
Voix.   C'est là.
Cydalise.   Mon Dieu! si l'on entrait!   585
Rafael. Allons, le mantelet, le loup et le bonnet;
    Par ici, par ici; bonsoir, mes Cydalises.
Cydalise. Bonsoir, mon prince.
Un Sergent (*entrant*)   Arrête, en voilà deux de prises.
Cydalise. Mon prince, sauvez-vous!
Le Sergent.   Qu'on le retienne.
Rafael.   Il pleut
Un peu, mais c'est égal. —Ma foi, sauve qui peut!   590
    (*Il saute par la fenêtre*)
Un Soldat. Sergent, nous n'avons rien. —Votre homme est
    passé maître
Dans le saut périlleux. —Il a pris la fenêtre.
Le Sergent. Oh! oh! tenez-le bien. —Que vois-je! L'hôtelier
Est mort. —Courez tous vite, et sus le meurtrier!

SCENE VIII

Une rue au bord de la mer.
Rafael descend le long d'un treillis.
Annibal passe dans le fond.

Rafael. Peste soit des barreaux! Hai, rendez-moi ma veste,   595
Mon camarade! Où donc vous sauvez-vous si preste?
Eh bien, et vos amours — que font-ils?
L'Abbé.   Le voilà!
Rafael. On me poursuit, mon cher. —Je vous dirai cela;
Mais rendez-moi l'habit.
L'Abbé.   On crie. —On vous appelle!
Têtebleu, qu'est-ce donc?
Rafael.   Bon! une bagatelle.   600
Je crois que j'ai tué quelqu'un là-bas.
L'Abbé.   Vraiment!
Rafael. Je vous dirai cela; mais l'habit seulement.
L'Abbé. L'habit, non de par Dieu! Je ne veux pas du vôtre.
Les sergens me prendraient pour vous.
Rafael.   Le bon apôtre!
     (*Plusieurs gens traversent le théâtre*)
Attendez. —Donnez-moi ce manteau. —Bon. —Je vais   605
Dire à ces gredins-là deux petits mots.
L'Abbé.   Jamais
Je n'oserai tuer cet homme.
     (*Il s'asseoit sur une pierre*)
Le Sergent.   Hola! je cherche
Le seigneur Rafael.
Rafael.   A moins qu'il ne se perche
Sur quelque cheminée en manière d'oiseau,
Qu'il n'entre dans la terre, ou qu'il ne saute à l'eau,   610
Vous l'aurez à coup sûr. Le connaissez-vous?
Le Sergent.   Certe,
J'ai son signalement. —C'est une plume verte
Avec des bas orange.
Rafael.   En vérité! Parbleu,
Vous n'aurez point de peine, et vous jouez beau jeu.
Combien vous donne-t-on?
Le Sergent.   Hai.

Rafael.   Trouvez-vous qu'en somme   615
 Votre prévôt vous ait assez payé votre homme?
 Le bon sire est-il doux ou dur sur les écus?
Le Sergent. Mais, il n'en mourrait pas pour donner un peu plus.
 Mais je n'y pense pas. —Le ventre à la besogne,
 Et non le dos. —Mieux vaut la hart que la vergogne.   620
 Et puis, l'homme pendu, nous avons le pourpoint.
Rafael. Sans compter les revers, s'il met l'épée au poing.
Le Sergent. J'ai de bons pistolets.
Rafael.   Voyons. —Et puis?
Le Sergent.   Ma canne
 De sergent.
Rafael.   Bon. —Et puis?
Le Sergent.   Ce poignard de Toscane.
Rafael. Très-excellent. —Et puis?
Le Sergent.   J'ai cette épée.
Rafael.   Et puis?   625
Le Sergent. Et puis! je n'ai plus rien.
Rafael (le rossant)   Tiens, voilà pour tes cris,
 Et pour tes pistolets.
Le Sergent.   Aye! aye!
Rafael.   Et pour ta canne,
 Et pour ton fin poignard en acier de Toscane.
Le Sergent. Aye! aye! je suis mort!
Rafael.   Le seigneur Garuci
 Est sans doute au logis. —On y va par ici.   630
   (*Il le chasse*)
 C'est du don Juan, ceci.
   (*Revenant*)
                              Que dis-tu du bon homme?
 Sauvons-nous maintenant. —Moi, je retourne à Rome.
   (*L'abbé se lève, va à lui, et lui met son poignard dans la gorge*)
 Etes-vous fou, l'abbé?—L'abbé?
   (*Il tombe*)
                              Je n'y suis pas.
 Ha, Machiavello! Mais tu me le paieras.
   (*Il veut se relever*)
 Mon coup de grâce, abbé! Je suffoque! Ha, misère,   635
 Mon coup, mon dernier coup, mon cher abbé. La terre

Se roule autour de moi; miserere! —Le ciel
Tourne. Ha, chien d'abbé! va! par le Père-Eternel,
Qu'attends-tu donc là, toi, fantôme, qui demeures
Avec ces yeux ouverts?

L'Abbé.   Moi? j'attends que tu meures.   640

Rafael. Damnation! Tu vas me laisser là, crever
Comme un payen, gredin, et ne pas m'achever!
Je ne te ferai rien; viens m'achever. —Un verre
D'eau, pour l'amour de Dieu! tu diras à ma mère
Que je donne mes biens à mon bouffon Pippo.   645
    (*Il meurt*)

L'Abbé. (*délirant*) Va, ta mort est ma vie, insensé! Ton tombeau
Est le lit nuptial, où va ma fiancée
S'étendre, sous le dais de cette nuit glacée!
Maintenant le hibou tourne autour des fallots.
L'esturgeon monstrueux soulève de son dos   650
Le manteau bleu des mers, et regarde en silence
Passer l'astre des nuits sur leur miroir immense.
La sorcière accroupie, et murmurant tout bas
Des paroles de sang, lave pour les sabbats
La jeune fille nue; Hécate aux trois visages   655
Trempe sa robe blanche aux joncs des marécages;
Ecoutez. —L'heure sonne! et par elle est compté
Chaque pas que le temps fait vers l'éternité.
Va dormir dans la mer, cendre! et que ta mémoire
S'enfonce avec ta vie au cœur de cette eau noire!   660
    (*Il jette le cadavre dans la mer*)
Vous, nuages, crevez! essuyez ce chemin!
Que le pied, sans glisser, puisse y passer demain.

SCENE IX

Chez la Camargo.

(*La Camargo est à son clavecin, en silence, et sans jouer. Pause.
Après un quart-d'heure environ, on entend frapper à petits coups.*)

Camargo. Entrez.
    (*L'abbé entre. Il lui présente son poignard. La Camargo
le considère quelque tems, puis se lève et va à son lit.*)
    A-t-il souffert beaucoup?

L'Abbé.   Bon! c'est l'affaire
   D'un moment.

Camargo.   Qu'a-t-il dit?

L'Abbé.   Il a dit que la terre
   Tournait.

Camargo.   Quoi! rien de plus?

L'Abbé.   Ha! qu'il donnait son bien   665
   A son bouffon Pippo.

Camargo.   Quoi! rien de plus?

L'Abbé.   Non, rien.

Camargo. Il porte au petit doigt un diamant. De grâce,
   Allez me le chercher.

L'Abbé.   Je ne le puis.

Camargo.   La place
   Où vous l'avez laissé n'est pas si loin.

L'Abbé.   Non, mais
   Je ne le puis.

Camargo.   Abbé, tout ce que je promets   670
   Je le tiens.

L'Abbé.   Pas ce soir.

Camargo.   Pourquoi?

L'Abbé.   Mais.—

Camargo.   Misérable,
   Tu ne l'as pas tué!

L'Abbé.   Ha! que le ciel m'accable
   Si je ne l'ai pas fait, madame, en vérité.

Camargo. Alors, pourquoi donc, non?

L'Abbé   Ma foi, je l'ai jeté
   Dans la mer.

Camargo.   Quoi! ce soir, dans la mer?

L'Abbé.   Oui, madame.   675

Camargo. Alors, c'est un malheur pour vous, —car, sur mon
     âme,
   Je voulais cet anneau.

L'Abbé.   Si vous me l'aviez dit,
   Au moins.

Camargo.   Et sur quoi donc t'en croirais-je, maudit?
   Sur quel honneur vas-tu me jurer? Sur laquelle
   De tes deux mains de sang? Où la marque en est-elle?   680

La chose n'est pas sûre, et tu te peux vanter.—
Il fallait lui couper la main, et l'apporter.

L'Abbé. Madame, il faisait nuit. —La mer était prochaine,
Je l'ai jeté dedans.

Camargo.   Je n'en suis pas certaine.

L'Abbé. Mais, madame, ce fer est chaud, et saigne encor.   685

Camargo. Ni le sang, ni le feu ne sont rares.

L'Abbé.   Son corps
N'est pas si loin, madame, il se peut qu'on se charge—

Camargo. La nuit est trop épaisse, et l'Océan trop large.

L'Abbé. Mais je suis pâle, moi! tenez.

Camargo.   Mon cher abbé,
L'étais-je pas ce soir, quand j'ai joué Thisbé   690
Dans l'opéra?

L'Abbé.   Madame, au nom du ciel!

Camargo.   Peut-être
Qu'en y regardant bien, vous l'aurez. —Ma fenêtre
Donne sur la mer.

    (Elle sort)

L'Abbé.   Mais. —Elle est partie, ô Dieu!
J'ai tué mon ami, j'ai mérité le feu,
J'ai taché mon pourpoint, et l'on me congédie.   695
C'est la moralité de cette comédie.

Portia

Qu'est le hasard?—C'est le marbre qui reçoit la vie des mains du statuaire. La Providence donne le hasard.

(Schiller)

I

Les premières clartés du jour avaient rougi
L'Orient, quand le comte Onorio Luigi
Rentra du bal masqué. —Fatigue ou nonchalance,
La comtesse à son bras s'appuyait en silence,
Et d'une main distraite écartait ses cheveux   5
Qui tombaient en désordre, et voilaient ses beaux yeux.
Elle s'alla jeter, en entrant dans la chambre,
Sur le bord de son lit. —On était en décembre;
Et déjà l'air glacé des longs soirs de janvier
Soulevait par instant la cendre du foyer.   10
Luigi n'approcha pas toutefois de la flamme,
Qui l'éclairait de loin. —Il regardait sa femme;
Une idée incertaine et terrible semblait
Flotter dans son esprit, que le sommeil troublait.

—Le comte commençait à vieillir. —Son visage   15
Paraissait cependant se ressentir de l'âge,
Moins que des passions qui l'avaient agité.
C'était un Florentin; jeune, il avait été
Ce qu'on appelle à Rome un coureur d'aventure.
Débauché par ennui, mais triste par nature,   20
Voyant venir le temps, il s'était marié;
Si bien qu'ayant tout vu, n'ayant rien oublié,
Pourquoi ne pas le dire? Il était jaloux. —L'homme
Qui vit sans jalousie, en ce bas monde, est comme
Celui qui dort sans lampe, —il peut sentir le bras   25
Qui vient pour le frapper; mais il ne le voit pas.

Pour le palais Luigi, la porte en était libre.

Le comte eût mis en quatre, et jeté dans le Tibre
Quiconque aurait osé toucher sa femme au pied.
Car nul pouvoir humain, quand il avait prié,   30
Ne l'eût fait d'un instant différer ses vengeances.
Il avait acheté du ciel ses indulgences,
On le disait du moins. —Qui dans Rome eût pensé
Qu'un tel homme pût être impunément blessé?
Mariée à quinze ans, noble, riche, adorée,   35
De tous les biens du monde à loisir entourée,
N'ayant dès le berceau connu qu'une amitié,
Sa femme ne l'avait jamais remercié;
Mais quel soupçon pouvait l'atteindre? Et qu'était-elle,
Sinon la plus loyale, et la moins infidèle   40
Des épouses?—

        Luigi s'était levé. Long-temps
Il parut réfléchir en marchant à pas lents.
Enfin, s'arrêtant court: —Portia, vous êtes lasse,
Dit-il, car vous dormez tout debout. —Moi, de grâce?
Prit-elle en rougissant; oui, j'ai beaucoup dansé;   45
Je me sens défaillir malgré moi. —Je ne sais,
Reprit Onorio, quel était ce jeune homme
En manteau noir; il est depuis deux jours à Rome.
Vous a-t-il adressé la parole? —De qui
Parlez-vous, mon ami? dit Portia. —De celui   50
Qui se tenait debout à souper, ce me semble,
Derrière vous; j'ai cru vous voir parler ensemble.
Vous a-t-on dit quel est son nom? —Je n'en sais rien
Plus que vous, dit Portia. —Je l'ai trouvé très-bien,
Dit Luigi, n'est-ce pas? Et gageons qu'à cette heure,   55
Il n'est pas comme vous défaillant, que je meure.
Joyeux plutôt. —Joyeux? sans doute; et d'où vous vient,
S'il vous plaît, ce dessein d'en parler qui vous tient?
—Et, prit Onorio, d'où ce dessein contraire,
Lorsque j'en viens parler, de vous en vouloir taire?   60
Le propos en est-il étrange? Assurément
Plus d'un méchant parleur le tient en ce moment.
Rien n'est plus curieux ni plus gai, sur mon âme,
Qu'un manteau noir au bal. —Mon ami, dit la dame,

Le soleil va venir tout-à-l'heure; pourquoi   65
Demeurez-vous ainsi? venez auprès de moi.
—J'y viens, et c'est le tems, vrai Dieu, que l'on achève
De quitter son habit quand le soleil se lève!
Dormez si vous voulez, mais tenez pour certain
Que je n'ai pas sommeil quand il est si matin.   70

—Quoi! me laisser ainsi toute seule? j'espère
Que non —n'ayant rien fait, seigneur, pour vous déplaire.

Madame, dit Luigi, s'avançant quatre pas,
Et comme hors du lit pendait un de ses bras,
De même que l'on voit d'une coupe approchée   75
Se saisir ardemment une lèvre séchée,
Ainsi vous l'auriez vu sur ce bras endormi,
Mettre un baiser cuisant —puis tremblant à demi:
—Tu ne le connais pas, ô jeune Vénitienne!
Ce poison florentin qui consume une veine,   80
La dévore, et ne veut qu'un mot, pour arracher
D'un cœur d'homme dix ans de joie, et dessécher
Comme un marais impur, ce premier bien de l'âme,
Qui fait l'amour d'un homme, et l'honneur d'une femme!
Mal sans fin, sans remède, affreux, que j'ai sucé   85
Dans le lait de ma mère, —et qui rend insensé.
—Quel mal? dit Portia.
              —C'est quand on dit d'un homme
Qu'il est jaloux. —Ceux-là, c'est ainsi qu'on les nomme.
—Maria! dit l'enfant, est-ce de moi, mon Dieu!
Que vous seriez jaloux?
            —Moi, madame, à quel lieu?   90
Jaloux? —vous l'ai-je dit? sur la foi de mon âme,
Aucunement. —Jaloux, pourquoi donc? —Non, madame,
Je ne suis pas jaloux; allez, dormez en paix.

Comme il s'éloignait d'elle à ce discours, après
Qu'il se fut au balcon accoudé d'un air sombre,   95
(Et le croissant déjà pâlissait avec l'ombre),
En regardant sa femme, il vit qu'elle fermait
Ses bras sur sa poitrine et qu'elle s'endormait.

Qui ne sait que la nuit a des puissances telles
Que les femmes y sont, comme les fleurs, plus belles,   100
Et que tout vent du soir qui les peut effleurer
Leur enlève un parfum plus doux à respirer?
Ce fut pourquoi, nul bruit ne frappant son ouïe,
Luigi, qui l'admirait si fraîche épanouïe,
Si tranquille, si pure, œil mourant, front penché,   105
Ainsi qu'un jeune faon dans les hauts blés couché,
Sentit ceci, —qu'au front d'une femme endormie,
Il n'est âme si rude et si bien affermie,
Qui ne trouve de quoi voir son plus dur chagrin
Se fondre comme au feu d'une flamme l'airain.   110
Car, à qui s'en fier, mon Dieu, si la nature
Nous fait voir à sa face une telle imposture,
Qu'il faille séparer la créature en deux,
Et défendre son cœur de l'amour de ses yeux!—

Cependant que debout dans son antique salle,   115
Le Toscan sous sa lampe inclinait son front pâle,
Au pied de son balcon, il crut entendre, au long
Du mur, une voix d'homme, avec un violon.
Sur quoi, s'étant sans bruit avancé sous la barre,
Il vit distinctement deux porteurs de guitare,—   120
L'un, inconnu; —pour l'autre, il n'en pouvait douter;
C'était son manteau noir —il le voulut guetter.
Pourtant rien ne trahit ce qu'en sentit son âme,
Sinon qu'il mit la main lentement à sa lame,
Comme pour éprouver, la tirant à demi,   125
Qu'ayant là deux rivaux, il avait un ami.—

Tout se taisait. Il prit le tems de reconnaître
Les traits du cavalier; puis fermant sa fenêtre,
Sans bruit, et sans que rien sur ses traits eût changé,
Il vit si dans le lit sa femme avait bougé.   130
—Elle était immobile, et la nuit défaillante
La découvrait au jour, plus belle et plus riante.
Donc notre Florentin ayant dit ses avés
Du soir, se mit au lit. —Frère, si vous avez
Par le monde jamais vu quelqu'un de Florence,   135

Et de son sang en lui pris quelque expérience,
Vous savez que la haine en ce pays n'est pas
Un géant comme ici fier, et levant le bras;
C'est une empoisonneuse, en silence accroupie
Au revers d'un fossé, qui de loin vous épie,   140
Boiteuse, retenant son souffle avec sa voix,
Et crainte de faillir, s'y prenant à deux fois.

II

L'église était déserte, et les flambeaux funèbres
Croisaient en chancelant leurs feux dans les ténèbres,
Quand le jeune étranger s'arrêta sur le seuil.   145
Sa main n'écarta pas son long manteau de deuil
Pour puiser l'eau bénite au bord de l'urne sainte.
Il entra sans respect dans la divine enceinte,
Mais aussi sans mépris. —Hors un religieux
Qui priait bas, le chœur était silencieux.   150
Les orgues se taisaient, les lampes immobiles
Semblaient dormir en paix sous les voûtes tranquilles;
Un écho prolongé répétait chaque pas.
Solitudes de Dieu! qui ne vous connaît pas?
Dômes mystérieux, solennité sacrée,   155
Quelle âme en vous voyant est jamais demeurée
Sans doute, ou sans terreur? —Toutefois devant vous
L'inconnu ne baissa le front ni les genoux.
Il restait en silence, et comme dans l'attente.
—L'heure sonna. —Ce fut une femme tremblante   160
De vieillesse sans doute ou de froid (car la nuit
Etait froide) qui vint à lui. —Le tems s'enfuit,
Dit-il, entendez-vous le coq chanter? La rue
Paraît déserte encor, —mais l'ombre diminue,
Marchez donc devant moi. —La vieille répliqua: 165
—Voici la clé; allez jusqu'à ce mur, c'est là
Qu'on vous attend; allez vite, et faites en sorte
Qu'on vous voie.—Merci, dit l'étranger. La porte
Retomba lentement derrière lui. —Le ciel
Les garde! dit la vieille, en marchant à l'autel.   170

Où donc, noble jeune homme, à cette heure où les ombres

Sous les pieds du passant tendent leurs voiles sombres,
Où donc vas-tu si vite? et pourquoi ton coursier
Fait-il jaillir le feu de l'étrier d'acier?
Ta dague bat tes flancs, et ta tempe ruisselle;   175
Jeune homme, où donc vas-tu? qui te pousse ou t'appelle?
Pourquoi comme un fuyard sur l'arçon te courber?
Frère, la terre est grise, et l'on y peut tomber.
Pourtant ton serviteur fidèle, hors d'haleine,
Voit de loin ton panache, et peut le suivre à peine.   180
Que Dieu soit avec toi, frère, si c'est l'amour
Qui t'a dans l'ombre ainsi fait devancer le jour!
L'amour sait tout franchir, et bienheureux qui laisse
La sueur de son front aux pieds de sa maîtresse!
Nulle crainte en ton cœur, nul souci du danger.   185
Va! —Et ce qui t'attend là bas, jeune étranger,
Que ce soit une main à la tienne tendue,
Que ce soit un poignard au tournant d'une rue,
Qu'importe? —Va toujours, frère, Dieu seul est grand!

Mais près de ce palais, pourquoi ton œil errant   190
Cherche-t-il donc à voir et comme à reconnaître
Ce kiosque, à la nuit close entr'ouvrant sa fenêtre?
Tes vœux sont-ils si haut et si loin avancés?
Jeune homme, songes-y; ce palais, tu le sais,
Se tient plus invisible à l'œil, que la pensée   195
Dans le cœur de son maître, inconnue et glacée.
Pourtant au pied du mur, sous des arbres caché,
Comme un chasseur, l'oreille au guet, tu t'es penché.
Quels sons mystérieux, et quelle voix s'élève
Entre ces barreaux, douce et faible, comme un rêve?   200
«Dalti, mon cher trésor, mon amour, est-ce toi?—
Portia! flambeau du ciel! Portia, ta main; c'est moi.»

Rien de plus. —Et déjà sur l'échelle de soie
Une main l'attirait, palpitante de joie,
Déjà deux bras ardens, de baisers enchaîné,   205
L'avaient comme une proie à l'alcôve traîné.

O vieillards décrépits! têtes chauves et nues!

Cœurs brisés, dont le temps ferme les avenues!
Centenaires voûtés! spectres à chef branlant,
Qui, pâles au soleil, cheminez d'un pied lent,　　　　　　210
C'est vous qu'ici j'invoque, et prends en témoignage.
Vous n'avez pas toujours été sans vie, et l'âge
N'a pas toujours plié de ses mains de géant,
Votre front à la terre, et votre âme au néant!
Vous avez eu des yeux, des bras et des entrailles!　　　215
Dites-nous donc, avant que de vos funérailles
L'heure vous vienne prendre, ô vieillards, dites-nous
Comme un cœur à vingt ans bondit au rendez-vous!

—Amour, disait l'enfant, après que, demi nue,
Elle s'était, mourante, à ses pieds étendue,　　　　　　220
Vois-tu comme tout dort! Que ce silence est doux!
Dieu n'a dans l'univers laissé vivre que nous.

Puis elle l'admirait avec un doux sourire,
Comme elles font toujours. Quelle femme n'admire
Ce qu'elle aime, et quel front peut-elle préférer　　　　225
A celui que ses yeux ne peuvent rencontrer
Sans se voiler de pleurs? —Voyons, lui disait-elle,
T'es-tu fait beau pour moi, qui me suis faite belle?
Pour qui ces colliers d'or? pour qui ces fins bijoux?
Ce beau panache noir? —Etait-ce un peu pour nous?　　230
Et puis elle ajouta: —Mon amour! que personne
Ne vous ait vu venir surtout, car j'en frissonne.

Mais le jeune Dalti ne lui répondait pas;
Aux rayons de la lune, il avait de ses bras
Entouré doucement sa pâle bien-aimée;　　　　　　　235
Elle laissait tomber sa tête parfumée
Sur son épaule, et lui regardait, incliné,
Son beau front, d'espérance et de paix couronné!

—Portia, murmura-t-il, cette glace dans l'ombre
Jette un reflet trop pur à cette alcôve sombre;　　　　240
Ces fleurs ont trop d'éclat, tes yeux trop de langueurs;
Que ne m'accablais-tu, Portia, de tes rigueurs!

Peut-être, Dieu m'aidant, j'eusse trouvé des armes.
Mais quand tu m'as noyé de baisers et de larmes,
Dis, qui m'en peut défendre, ou qui m'en guérira?
Tu m'as fait trop heureux; ton amour me tuera!   245

Et comme sur le bord de la longue ottomane,
Elle attachée à lui comme un lierre au platane,
Il s'était renversé tremblant à ce discours,
Elle le vit transir: ô mes seules amours,   250
Dit-il, en toute chose, il est une barrière
Où, pour grand qu'on se sente, on se jette en arrière;
C'est de t'avoir ainsi mettre trop haut son vœu,
Et l'homme doit mourir, où commence le Dieu!

Le ciel s'était voilé; la nuit était profonde,   255
Et nul témoin des cieux ne veillait sur le monde.
La lampe tout-à-coup s'éteignit. —Reste là,
Dit Portia, je m'en vais l'allumer. —Elle alla
Se baisser au foyer. —La cendre à demi-morte
Couvrait à peine encore une étincelle, en sorte   260
Qu'elle resta long-temps. —Mais lorsque la clarté
Eut enfin autour d'eux chassé l'obscurité:
—Ciel et terre, Dalti! Nous sommes trois, dit-elle.
—Trois, répéta près d'eux une voix à laquelle
Répondirent au loin les voûtes du château.   265
Immobile, caché sous les plis d'un manteau,
Comme au seuil d'une porte une antique statue,
Onorio, debout, avait frappé leur vue.
—D'où venait-il ainsi? Les avait-il guettés
En silence long-tems, et long-tems écoutés?   270
De qui savait-il l'heure, et quelle patience
L'avait fait une nuit épier la vengeance?
Cependant son visage était calme et serein;
Son fidèle poignard n'était pas dans sa main,
Son regard ne marquait ni colère ni haine,   275
Mais ses cheveux, plus noirs, la veille, que l'ébène,
Chose étrange à penser, étaient devenus blancs.
Les amans regardaient, sous les rayons tremblans
De la lampe, déjà par l'aurore obscurcie,

Ce vieillard d'une nuit, cette tête blanchie,   280
Avec ses longs cheveux, plus pâles que son front.
—Portia, dit-il, d'un ton de voix lent et profond,
Quand ton père, en mourant, joignit nos mains, la mienne
Resta pourtant ouverte. —En retirer la tienne
Etait aisé. —Pourquoi l'as-tu donc fait si tard?   285

Mais le jeune Dalti s'était levé. —Vieillard,
Ne perdons pas de tems. —Vous voulez cette femme?
En garde! Qu'un de nous la rende avec son âme.

—Je le veux, dit le comte; et deux lames déjà
Brillaient en se heurtant. —Vainement la Portia   290
Se traînait à leurs pieds, tremblante, échevelée.
Qui peut sous le soleil tromper sa destinée?
Quand des jours et des nuits qu'on nous compte ici bas
Le terme est arrivé, la terre sous nos pas
S'entrouvrirait plus tôt; que sert qu'on s'en défende?   295
Lorsque la fosse attend, il faut qu'on y descende.

Le comte ne poussa qu'un soupir, et tomba.

Dalti n'hésita pas. —Viens, dit-il à Portia.
Sortons. —Mais elle était sans parole, et mourante.
Il prit donc d'une main le cadavre, l'amante   300
De l'autre, et s'éloigna. La nuit ne permit pas
De voir de quel côté se dirigeaient ses pas.

III

Une heure est à Venise, —heure des sérénades;
Quand le soleil s'enfuit, laissant aux promenades
Un ciel pur, et couvert d'un voile plus vermeil   305
Que celui que l'Aurore écarte à son réveil.
Nul bruit ne trouble plus, dans les palais antiques,
La majesté des saints debout sous les portiques.
La ville est assoupie, et les flots prisonniers
S'endorment sur le bord de ses blancs escaliers.   310
C'est alors que de loin, au détour d'une allée,
Se détache en silence une barque isolée,

Sans voile, pour tout guide ayant son matelot,
Avec son pavillon flottant sous son fallot.
Telle, au déclin du jour, et par l'onde bercée,   315
Glissait, par le zéphir lentement balancée,
La légère chaloupe où le jeune Dalti
Agitait en ramant le flot appesanti.
Long-tems, au double écho de la vague plaintive,
On le vit s'éloigner en voguant de la rive;   320
Mais lorsque la cité qui semblait s'abaisser,
Et lentement au loin dans les flots s'enfoncer,
Eût, en se dérobant, laissé l'horizon vide,
Semblable à l'Alycon, qui, dans son cours rapide,
S'arrête tout-à-coup, la chaloupe écarta   325
Ses rames sur l'azur des mers, et s'arrêta.
—Portia, dit l'étranger, le vent du soir commence
A se faire sentir. —Chante-moi ta romance.

Peut-être que le seuil du vieux palais Luigi
Du pur sang de son maître était encor rougi;   330
Que tous les serviteurs sur les draps funéraires
N'avaient pas achevé leurs dernières prières;
Peut-être qu'alentour des sinistres apprêts
Les prieurs s'agitant comme de noirs cyprès,
Et mêlant leurs soupirs aux cantiques des vierges,   335
N'avaient pas sur la tombe encore éteint les cierges;
Peut-être de la veille avait-on retrouvé
Le cadavre perdu, le front sous un pavé;
Son chien pleurait sans doute et le cherchait encore.
Mais quand Dalti parla, Portia prit sa mandore,   340
Mêlant sa douce voix, que la brise écartait,
Au murmure moqueur du flot qui l'emportait.

—Quel homme fut jamais si grand qu'il se put croire
Certain, ayant vécu, d'avoir une mémoire
Où son souvenir, jeune et bravant le trépas,   345
Pût revivre une vie, et ne s'éteindre pas?
Les larmes d'ici bas ne sont qu'une rosée
Dont un matin au plus la terre est arrosée,
Que la brise secoue, et que boit le soleil.

Puis l'oubli vient au cœur, comme aux yeux le sommeil.   350

Dalti, le front baissé, tantôt sur son amante
Promenait ses regards, tantôt sur l'eau dormante.
Ainsi muet, penchant sa tête sur sa main,
La vague le berçait sur son bateau romain.
—Portia, dit-il enfin, ce que vous pouviez faire   355
Vous l'avez fait; c'est bien. Parlez-moi sans mystère;
Vous en repentez-vous? —Moi, dit-elle, de quoi?
—D'avoir, dit l'étranger, abandonné pour moi
Vos biens, votre maison, et votre renommée;
(Il fixa de ses yeux perçans sa bien-aimée,   360
Et puis, il ajouta d'un ton dur)—votre époux.
Elle lui répondit: j'ai fait cela pour vous;
Je ne m'en repens pas.

               —O nature, nature!
Murmura l'étranger, —vois cette créature;
Sous les cieux les plus doux qui la pouvaient nourrir,   365
Cette fleur avait mis dix-huit ans à s'ouvrir.
A-t-elle pu tomber et se faner si vite,
Pour avoir une nuit touché ma main maudite?
C'est bien, poursuivit-il; c'est bien. —Elle est à moi.
Viens, dit-il à Portia; viens et relève-toi.   370
T'est-il jamais venu dans l'esprit de connaître
Qui j'étais? qui je suis?

            —Eh! qui pouvez-vous être,
Mon ami, si ce n'est un riche et beau seigneur?
Nul ne vous parle ici, qui ne vous rende honneur.

—As-tu, dit le jeune homme, autour des promenades,   375
Rencontré quelquefois, le soir, sous les arcades,
De ces filles de joie errant en carnaval,
Qui traînent dans la boue une robe de bal?
Elles n'ont pas toujours au bout de la journée
Du pain pour leur souper. —Telle est leur destinée;   380
Car souvent de besoin ces spectres consumés
Prodiguent aux passans des baisers affamés.

Elles vivent ainsi. —C'est un sort misérable,
N'est-il pas vrai? Le mien cependant est semblable.

—Semblable à celui-là! dit l'enfant. —Je vois bien,   385
Dalti, que vous voulez rire, et qu'il n'en est rien.

—Silence! prit Dalti, la vérité tardive
Doit se montrer à vous ici, quoi qu'il arrive.
Je suis fils d'un pêcheur.

                          Maria! Maria!
Prenez pitié de nous, si c'est vrai, dit Portia.   390

—C'est vrai, dit l'étranger. Ecoutez mon histoire.
Mon père était pêcheur; —mais je n'ai pas mémoire
Du jour où pour partir le destin l'appela,
Me laissant pour tout bien la barque où nous voilà.
J'avais quinze ans, je crois; —je n'aimais que mon père   395
Au monde, ma naissance ayant tué ma mère.
Mon véritable nom est Daniel Zoppieri.
Pendant les premiers tems mon travail m'a nourri:
Je suivais le métier qu'avait pris ma famille;
L'astre mystérieux qui sur nos têtes brille   400
Voyait seul quelquefois tomber mes pleurs amers
Au sein des flots sans borne et des profondes mers;
Mais c'était tout. —D'ailleurs, je vivais seul, tranquille,
Couchant où je pouvais, rarement à la ville.
Mon père, cependant, qui pour un batelier   405
Etait fier, m'avait fait d'abord étudier;
Je savais le Toscan, et j'allais à l'église;
Ainsi dès ce tems-là je connaissais Venise.

Un soir, un grand seigneur, Michel Gianinetto,
Pour donner un concert, me loua mon bateau.   410
Sa maîtresse (c'était je crois la Muranèse)
Y vint seule avec lui; la mer était mauvaise;
Au bout d'une heure au plus un orage éclata.
Elle, comme un enfant qu'elle était, se jeta
Dans mes bras, effrayée, et me serra contre elle.   415

Vous savez son histoire, et comme elle était belle;
Je n'avais jusqu'alors rien rêvé de pareil;
Et de cette nuit-là, je perdis le sommeil.
L'étranger, à ces mots, parut reprendre haleine;
Puis Portia l'écoutant, et respirant à peine, 420
Il poursuivit:—
              Venise! ô perfide cité,
A qui le ciel donna la fatale beauté,
Je respirai cet air dont l'âme est amollie,
Et dont ton souffle impur empesta l'Italie!
Pauvre, et pieds nus, la nuit, j'errais sous tes palais. 425
Je regardais tes grands, qu'un peuple de valets
Entoure, et rend pareils à des paralytiques;
Tes nobles arrogans, et tous tes magnifiques,
Dont l'ombre est saluée, et dont aucun ne dort
Que sous un toit de marbre, et sur un pavé d'or. 430
Je n'étais cependant qu'un pêcheur; mais aux fêtes
Quand j'allais au théàtre écouter les poètes,
Je revenais, le cœur plein de haine, et navré.
Je lisais, je cherchais; —c'est ainsi par degré
Que je chassai, Portia, comme une ombre légère, 435
L'amour de l'océan, ma richesse première.
Je vous vis, —je vendis ma barque et mes filets.
Je ne sais pas pourquoi, ni ce que je voulais,
Pourtant je les vendis. C'était ce que sur terre
J'avais pour tout trésor, ou pour toute misère. 440
Je me mis à courir, emportant en chemin
Tout mon bien, qui tenait dans le creux de ma main.
Las de marcher bientôt, je m'assis, triste et morne,
Au bord d'un carrefour, sur le coin d'une borne.
J'avais vu par hasard, auprès d'un mauvais lieu 445
De la place Saint-Marc, une maison de jeu.
J'y courus. Je vidai ma main sur une table,
Puis muet, attendant l'arrêt inévitable,
Je demeurai debout. —Ayant gagné d'abord,
Je résolus de suivre, et de tenter le sort. 450
Mais pourquoi vous parler de cette nuit terrible?
Toute une nuit, Portia! —le démon invincible
Me cloua sur la place, et je vis devant moi

Pièce à pièce tomber la fortune d'un roi.
Ainsi je demeurai, —songeant au fond de l'âme   455
Chaque fois qu'en criant tournait la roue infâme,
Que la mer était proche, et qu'à me recevoir
Serait toujours tout prêt ce lit profond et noir.
Le banquier cependant, voyant son coffre vide,
Me dit que c'était tout. Chacun d'un œil avide   460
Suivait mes mouvemens; —je tendis mon manteau.
On me jeta dedans la valeur d'un château,
Et la corruption de trente courtisanes.—
Je sortis. —Je restai trois jours sous les platanes
Où je vous avais vue, ayant pour tout espoir   465
Quand vous y passeriez, d'attendre, et de vous voir.
Tout le reste est connu de vous.

                          —Bonté divine!
Dit l'enfant, est-ce là tout ce qui vous chagrine?
Quoi? de n'être pas noble? Est-ce que vous croyez
Que je vous aimerais plus, quand vous le seriez?   470
—Silence, dit Dalti, vous n'êtes que la femme
Du pêcheur Zoppieri; non, sur ma foi, madame,
Rien de plus.
                   —Et quoi rien, mon amour?
                                         —Rien de plus,
Vous dis-je; ils sont partis comme ils étaient venus,
Ces biens. —Ce fut hier la dernière journée   475
Où j'ai (pour vous du moins) tenté la destinée.
J'ai perdu, —voyez donc ce que vous décidez.
—Vous avez tout perdu?

                          —Tout — sur trois coups de dés.
Tout, jusqu'à mon palais; cette barque exceptée
Que j'ai depuis long-tems en secret rachetée.   480
Maudissez-moi, Portia; —mais je ne ferai pas,
Sur mon âme, un effort pour retenir vos pas.
Pourquoi je vous ai prise, et sans remords menée
Au point de partager ainsi ma destinée,
Ne le demandez pas. Je l'ai fait; c'est assez.   485
Vous pouvez me quitter et partir; choisissez.

Portia, dès le berceau, d'amour environnée,
Avait vécu comtesse ainsi qu'elle était née.
Jeune, passant sa vie au milieu des plaisirs,
Elle avait de bonne heure épuisé les désirs;   490
Ignorant le besoin, et jamais sur la terre,
Sinon pour l'adoucir, n'ayant vu de misère.
Son père, déjà vieux, riche et noble seigneur,
Quoiqu'avare, l'aimait, et n'avait de bonheur
Qu'à la voir admirer, et quand on disait d'elle   495
Qu'étant la plus heureuse, elle était la plus belle.
Car tout lui souriait, et même son époux
Onorio, n'avait plié les deux genoux
Que devant elle et Dieu. Cependant en silence,
Comme Dalti parlait, sur l'Océan immense   500
Long-tems elle sembla porter ses yeux errans.
L'horizon était vide, et les flots transparens
Ne reflétaient au loin, sur leur abîme sombre,
Que l'astre au pâle front qui s'y mirait dans l'ombre.
Dalti la regardait, mais sans dire un seul mot.   505

—Avait-elle hésité? —Je ne sais; —mais bientôt,
Comme une tendre fleur que le vent déracine,
Faible, et qui lentement sur sa tige s'incline,
Telle, elle détourna la tête, et lentement
S'inclina toute en pleurs jusqu'à son jeune amant.   510
—Songez bien, dit Dalti, que je ne suis, comtesse,
Qu'un pêcheur; —que demain, qu'après, et que sans cesse
Je serai ce pêcheur. —Songez bien que tous deux
Avant qu'il soit long-tems nous allons être vieux.
Que je mourrai peut-être avant vous.

                          —Dieu rassemble   515
Les amans, dit Portia; nous partirons ensemble.
Ton ange en t'emportant me prendra dans ses bras.

Mais le pêcheur se tut, car il ne croyait pas.

Chansons
à Mettre en Musique
et Fragmens

Allons, bel oiseau bleu,
chantez la romance à madame.
(*La Folle Journée*)

Barcelone

Avez-vous vu, dans Barcelone,
Une Andalouse au sein bruni?
Pâle, comme un beau soir d'automne!
C'est ma maîtresse, ma lionne!
La marquesa d'Amaëgui.   5

J'ai fait bien des chansons pour elle;
Je me suis battu bien souvent.
Bien souvent j'ai fait sentinelle,
Pour voir le coin de sa prunelle,
Quand son rideau tremblait au vent.   10

Elle est à moi, —moi seul au monde, —
Ses grands sourcils noirs sont à moi!
Son corps souple et sa jambe ronde,
Sa chevelure qui l'inonde,
Plus longue qu'un manteau de roi.   15

C'est à moi son beau col qui penche,
Quand elle dort dans son boudoir.
Et sa basquina sur sa hanche,
Son bras dans sa mitaine blanche,
Son pied dans son brodequin noir!   20

Vrai Dieu, lorsque son œil pétille
Sous la frange de ses réseaux,

Rien que pour toucher sa mantille,
De par tous les saints de Castille,
On se ferait rompre les os.   25

Qu'elle est superbe en son désordre!
Quand elle tombe, les seins nus,
Qu'on la voit, béante, se tordre
Dans un baiser de rage, et mordre
En criant des mots inconnus!   30

Et qu'elle est folle dans sa joie!
Lorsqu'elle chante le matin,
Lorsqu'en tirant son bas de soie,
Elle fait sur son flanc qui ploie,
Craquer son corset de satin!   35

Allons! mon page, en embuscades!
Allons! la belle nuit d'été!
Je veux ce soir des sérénades,
A faire damner les Alcades
De Tolose au Guadalété!   40

Le Lever

Assez dormir, ma belle!
Ta cavale Isabelle
Hennit sous tes balcons.
Vois tes piqueurs alertes,
Et sur leurs manches vertes,   5
Les pieds noirs des faucons.

Vois écuyers et pages,
En galans équipages,
Sans rochet ni pourpoint,
Têtes chaperonnées,   10
Traîner les haquenées,
Leur arbalète au poing.

Vois bondir dans les herbes
Les lévriers superbes,
Les chiens trapus crier.   15
En chasse, et chasse heureuse!
Allons, mon amoureuse,
Le pied dans l'étrier!

Et d'abord, sous la moire,
Avec ce bras d'ivoire   20
Enfermons ce beau sein,
Dont la forme divine,
Pour que l'œil la devine,
Reste aux plis du coussin.

Oh! sur ton front qui penche,   25
J'aime à voir ta main blanche
Peigner tes cheveux noirs!
Beaux cheveux qu'on rassemble
Les matins, et qu'ensemble
Nous défesons les soirs!   30

Allons, mon intrépide,
Ta cavale rapide
Frappe du pied le sol.—
Et ton bouffon balance
Comme un soldat sa lance,   35
Son joyeux parasol!

Mets ton écharpe blonde
Sur ton épaule ronde,
Sur ton corsage d'or:
Et je vais, ma charmante,   40
T'emporter dans ta mante
Comme un enfant qui dort!

Madrid

Madrid, princesse des Espagnes,
Il court par tes mille campagnes,
Bien des yeux bleus, bien des yeux noirs.
La blanche ville aux sérénades,
Il passe par tes promenades   5
Bien des petits pieds tous les soirs!

Madrid, quand tes taureaux bondissent,
Bien des mains blanches applaudissent,
Bien des écharpes sont en jeux:
Par tes belles nuits étoilées,   10
Bien des senoras long-voilées
Descendent tes escaliers bleus!

Madrid, Madrid, moi je me raille
De tes dames à fine taille,
Qui chaussent l'escarpin étroit;   15
Car j'en sais une par le monde,
Que jamais ni brune, ni blonde,
N'ont valu le bout de son doigt!

J'en sais une, et certes la duègne
Qui la surveille et qui la peigne   20
N'ouvre sa fenêtre qu'à moi:
Certes, qui veut qu'on le redresse
N'a qu'à l'approcher à la messe,
Fût-ce l'archevêque ou le roi.

Car c'est ma princesse andalouse!   25
Mon amoureuse! ma jalouse!
Ma belle veuve au long réseau!
C'est un vrai démon: c'est un ange!
Elle est jaune comme une orange,
Elle est vive comme un oiseau!   30

Oh! quand sur ma bouche idolâtre,
Elle se pâme, la folâtre,
Il faut voir, dans nos grands combats,
Ce corps si souple et si fragile,
Ainsi qu'une couleuvre agile,   35
Fuir et glisser entre mes bras!

Or si d'aventure on s'enquête
Qui m'a valu telle conquête,
C'est l'allure de mon cheval;
Un compliment sur sa mantille,   40
Puis des bonbons à la vanille
Par un beau soir de carnaval.

Madame la Marquise

Vous connaissez que j'ai pour mie,
Une Andalouse à l'œil lutin;
Et sur mon cœur, toute endormie,
Je la berce jusqu'au matin.   4

Voyez-la, quand son bras m'enlace,
Comme le col d'un cigne blanc,
S'enivrer, oublieuse et lasse,
De quelque rêve nonchalant.   8

Gais chérubins! veillez sur elle,
Planez, oiseaux, sur notre nid;
Dorez du reflet de votre aile,
Son doux sommeil, que Dieu bénit!   12

Car toute chose nous convie
D'oublier tout, fors notre amour;
Nos plaisirs, d'oublier la vie,
Nos rideaux, d'oublier le jour.   16

Pose ton souffle sur ma bouche,
Que ton âme y vienne passer!

Oh! restons ainsi dans ma couche,
Jusqu'à l'heure de trépasser!   20

Restons; l'étoile vagabonde,
Dont les sages ont peur de loin,*
Peut-être en emportant le monde,
Nous laissera dans notre coin.   24

Oh! viens! dans mon âme froissée,
Qui saigne encor d'un mal bien grand,
Viens verser ta blanche pensée,
Comme un ruisseau dans un torrent!   28

Car sais-tu seulement, pour vivre,
Combien il m'a fallu pleurer?
De cet ennui qui désenivre,
Combien en mon cœur dévorer?   32

Donne-moi, ma belle maîtresse,
Un beau baiser; car je te veux
Raconter ma longue détresse,
Avec ma main dans tes cheveux!   36

Or, voyez qui je suis, ma mie,
Car je vous pardonne pourtant,
De vous être hier endormie
Sur mes lèvres en m'écoutant.   40

Pour ce, madame la marquise,
Dès qu'à la ville il fera noir,
De par le roi, sera requise
De venir en notre manoir.   44

Et sur mon cœur, toute endormie,
La bercerai jusqu'au matin,
Car on connaît que j'ai pour mie
Une Andalouse à l'œil lutin.   48

*Dans ce temps-là, on parlait beaucoup de la comète de 1832.

Quand je t'aimais, pour toi j'aurais donné ma vie.
Mais c'est toi, de t'aimer, toi qui m'ôtas l'envie;
A tes piéges d'un jour on ne me prendra plus,
Tes ris sont maintenant et tes pleurs superflus.   4
Ainsi, lorsqu'à l'enfant la vieille salle obscure
Fait peur, il va tout nu décrocher quelque armure;
Il s'enferme, il revient tout palpitant d'effroi,
Dans sa chambre bien noire, et dans son lit bien froid.   8
Et puis, lorsqu'au matin le jour vient à paraître,
Il trouve son fantôme aux plis de sa fenêtre,
Voit son arme inutile, il rit, et triomphant,
S'écrie: ô que j'ai peur! ô que je suis enfant!   12

Au Yung–Frau

Yung-Frau, le voyageur qui pourrait sur ta tête
S'arrêter, et poser le pied sur sa conquête,
Sentirait en son cœur un noble battement;
Quand son âme, au penchant de ta neige éternelle,
Pareille au jeune aiglon, qui passe et lui tend l'aile,   5
Glisserait et fuirait sous ton clair firmament.

Yung-Frau, je sais un cœur qui, comme toi, se cache.
Revêtu, comme toi, d'une robe sans tache,
Il est plus près de Dieu que tu ne l'es du ciel.
Ne t'étonne donc point, ô montagne sublime,   10
Si la première fois que j'en ai vu la cîme,
J'ai cru le lieu trop haut pour être d'un mortel.

A Ulric G.

Ulric, nul œil des mers n'a mesuré l'abîme,
Ni les héros plongeurs, ni les vieux matelots.
Le soleil vient briser ses rayons sur leur cîme,
Comme un soldat vaincu brise ses javelots.   4

Ainsi, nul œil, Ulric, n'a pénétré les ondes
De tes douleurs sans borne, ange du ciel tombé!
Tu portes dans ta tête et dans ton cœur deux mondes,
Quand le soir près de moi, tu vas triste et courbé.　　8

Mais laisse-moi du moins regarder dans ton âme,
Comme un enfant craintif se penche sur les eaux,
Toi, si plein, front pâli sous des baisers de femme,
Moi, si jeune, enviant ta blessure et tes maux.　　12

(Juillet 1829)

Venise

Dans Venise la rouge,
Pas un cheval qui bouge,
Pas un pêcheur dans l'eau,
　　Pas un fallot!　　4

Seul, assis à la Grêve,
Le grand lion soulève,
Sur l'horizon serein,
　　Son pied d'airain.　　8

Autour de lui, par groupes,
Navires et chaloupes,
Pareils à des hérons
　　Couchés en ronds,　　12

Dorment sur l'eau qui fume,
Et croisent dans la brume
En légers tourbillons
　　Leurs pavillons.　　16

La lune qui s'efface,
Couvre son front qui passe
D'un nuage étoilé,
　　Demi voilé.　　20

Ainsi, la dame abbesse
De Sainte-Croix rabaisse
Sa cape aux larges plis
    Sur son surplis.   24

Et les palais antiques,
Et les graves portiques,
Et les blancs escaliers
    Des chevaliers,   28

Et les ponts, et les rues,
Et les mornes statues,
Et le golfe mouvant
    Qui tremble au vent,   32

Tout se tait, —fors les gardes
Aux longues hallebardes
Qui veillent aux créneaux
    Des arsenaux.   36

—Ah! maintenant plus d'une
Attend au clair de lune
Quelque jeune muguet,
    L'oreille au guet.   40

Plus d'une qui se pare
Pour le bal qu'on prépare,
Met devant son miroir
    Le masque noir.   44

Sur sa couche embaumée,
La Vanina pamée,
Presse encor son amant,
    En l'endormant.   48

Et Narcissa, la folle,
Au fond de sa gondole,
S'oublie en un festin
    Jusqu'au matin.   52

Et qui, dans l'Italie,
N'a son grain de folie?
Qui ne garde aux amours
    Ses plus beaux jours? . . .   56

Laissons la vieille horloge
Au palais du vieux doge,
Lui compter de ses nuits
    Les longs ennuis.   60

Comptons plutôt, ma belle,
Sur ta bouche rebelle,
Tant de baisers donnés . . .
    —Ou pardonnés.—   64

Comptons plutôt tes charmes,
Comptons les douces larmes
Qu'à nos yeux a coûté
    La volupté!   68

Stances

Que j'aime à voir dans la vallée
    Désolée,
Se lever comme un mausolée
Les quatre ailes d'un noir moutier!   4
Que j'aime à voir, près de l'austère
    Monastère,
Au seuil du baron feudataire,
La croix blanche et le bénitier!   8

Vous, des antiques Pyrénées
    Les aînées,
Vieilles églises décharnées,
Maigres et tristes monumens,   12
Vous que le temps n'a pu dissoudre,
    Ni la foudre,
De quelques grands monts mis en poudre
N'êtes-vous pas les ossemens?   16

J'aime vos tours à tête grise
        Où se brise
L'éclair qui passe avec la brise! . . .
J'aime vos profonds escaliers   20
Qui, tournoyant dans les entrailles
        Des murailles,
A l'hymne éclatant des ouailles
Font répondre tous les piliers!   24

Oh! lorsque l'ouragan qui gagne
        La campagne
Prend par les cheveux la montagne,
Que le temps d'automne jaunit;   28
Que j'aime, dans le bois qui crie
        Et se plie,
Les vieux clochers de l'abbaye,
Comme deux arbres de granit!   32

Que j'aime à voir dans les vesprées
        Empourprées
Jaillir en veines diaprées,
Les rosaces d'or des couvens!   36
Oh! que j'aime aux voûtes gothiques
        Des portiques
Les vieux saints de pierre athlétiques
Priant tout bas pour les vivans!   40

Sonnet

Que j'aime le premier frisson d'hiver! Le chaume,
Sous le pied du chasseur, refusant de ployer.
Quand vient la pie aux champs que le foin vert embaume,
Au fond du vieux château s'éveille le foyer!   4

C'est le temps de la ville. —Ho! lorsque l'an dernier
J'y revins, que je vis ce bon Louvre et son dôme,
Paris et sa fumée, et tout ce beau royaume,
(J'entends encore au vent les postillons crier,) 8

Que j'aimais ce temps gris! Ces passans, et la Seine,
Sous ses mille fallots, assise en souveraine,—
J'allais revoir l'hiver! —Et toi ma vie et toi,

Ho! dans tes longs regards j'allais tremper mon âme;   12
Je saluais tes murs. —Car, qui m'eût dit, madame,
Que votre cœur sitôt avait changé pour moi?

(Août 1829)

Ballade à la lune

C'était, dans la nuit brune,
Sur le clocher jauni,
    La lune,
Comme un point sur un i.   4

Lune, quel esprit sombre
Promène au bout d'un fil,
    Dans l'ombre,
Ta face et ton profil?   8

Es-tu l'œil du ciel borgne?
Quel chérubin caffard
    Nous lorgne
Sous ton masque blafard?   12

N'es-tu rien qu'une boule?
Qu'un grand faucheux bien gras
    Qui roule
Sans pattes et sans bras?   16

Es-tu, je t'en soupçonne,
Le vieux cadran de fer
    Qui sonne
L'heure aux damnés d'enfer?   20

Sur ton front qui voyage,
Ce soir ont-ils compté
  Quel âge
A leur éternité ?   24

Est-ce un ver qui te ronge,
Quand ton disque noirci
  S'allonge
En croissant rétréci ?   28

Qui t'avait éborgnée
L'autre nuit ? T'étais-tu
  Cognée
A quelque arbre pointu ?   32

Car tu vins, pâle et morne,
Coller sur mes carreaux
  Ta corne
A travers les barreaux.   36

Va, lune moribonde,
Le beau corps de Phœbé
  La blonde
Dans la mer est tombé :   40

Tu n'en es que la face,
Et déjà tout ridé
  S'efface
Ton front dépossédé.   44

Rends-nous la chasseresse,
Blanche, au sein virginal,
  Qui presse
Quelque cerf matinal !   48

Oh ! sous le vert platane,
Sous les frais coudriers,
  Diane
Et ses grands levriers !   52

Le chevreau noir qui doute,
Pendu sur un rocher,
   L'écoute,
L'écoute s'approcher.   56

Et, suivant leurs curées
Par les vaux, par les blés,
   Les prées,
Ses chiens s'en sont allés.   60

Oh! le soir, dans la brise,
Phœbé, sœur d'Apollo,
   Surprise,
A l'ombre, un pied dans l'eau!   64

Phœbé qui, la nuit close,
Aux lèvres d'un berger
   Se pose
Comme un oiseau léger.   68

Lune, en notre mémoire,
De tes belles amours
   L'histoire
T'embellira toujours.   72

Et, toujours rajeunie,
Tu seras du passant
   Bénie,
Pleine-lune ou croissant!   76

T'aimera le vieux pâtre
Seul, tandis qu'à ton front
   D'albâtre
Ses dogues aboieront.   80

T'aimera le pilote
Dans son grand bâtiment,
   Qui flotte
Sous le clair firmament!   84

Et la fillette preste
Qui passe le buisson,
        Pied leste,
En chantant sa chanson.   88

Comme un ours à la chaîne,
Toujours sous tes yeux bleus
        Se traîne
L'Océan montueux.   92

Et qu'il vente ou qu'il neige,
Moi-même, chaque soir,
        Que fais-je,
Venant ici m'asseoir?   96

Je viens voir, dans la brune,
Sur le clocher jauni,
        La lune
Comme un point sur un i.   100

Mardoche

Voudriez-vous dire, comme de fait on peut logicalement inférer, que par ci-devant le monde eût été fat, maintenant serait devenu sage? (*Pantagruel*, liv. v.)

i

J'ai connu, l'an dernier, un jeune homme nommé
Mardoche, qui vivait nuit et jour enfermé.
O prodige, il n'avait jamais lu de sa vie
Le Journal de Paris, ni n'en avait envie.
Il n'avait vu ni Kean, ni Bonaparte, ni   5
Monsieur de Metternich. —Quand il avait fini
De souper, se couchait; précisément à l'heure
Où (quand par le brouillard la chatte rode et pleure)
Monsieur Hugo va voir mourir Phébus le blond.
Vous dire ses parens, cela serait trop long.   10

ii

Bornez-vous à savoir qu'il avait la pucelle
D'Orléans, pour aïeule, en ligne maternelle.
D'ailleurs son compagnon, compère et confident,
Etait un chien anglais, bon pour l'œil et la dent.
Cet homme ainsi reclu, vivait en joie. —A peine   15
Si le spleen le prenait quatre fois par semaine.
Pour ses momens perdus, il les donnait parfois
A l'art mystérieux de charmer par la voix;
Les Muses visitaient sa demeure cachée,
Et quoiqu'il fît rimer *idée* avec *fâchée*,   20

iii

On le lisait. C'était du reste un esprit fort;
Il eût fait volontiers d'une tête de mort
Un fallot, et mangé sa soupe dans le crâne
De sa grand'mère. —Au fond, il estimait qu'un âne,
Pour Dieu qui nous voit tous, est autant qu'un ânier.   25
Peut-être que n'ayant pour se désennuyer
Qu'un livre (c'est le cœur humain que je veux dire),
Il avait su trop tôt, et trop avant y lire;
C'est un grand mal d'avoir un esprit trop hâtif;
—Il ne dansait jamais au bal par ce motif.   30

iv

Je puis certifier pourtant, qu'il avait l'âme
Aussi tendre en tout point qu'un autre; et que sa femme
(En ne le faisant pas c–u) n'eût pas été
Plus fort, ni plus souvent battue, en vérité,
Que celle de Monsieur de C***. En politique,   35
Son sentiment était très-aristocratique,
Et je dois avouer qu'à consulter son goût,
Il aimait mieux la Porte et son sultan Mahmoud,
Que la chrétienne Smyrne, et ce bon peuple Hellène,
Dont les flots ont rougi la mer Hellespontienne,   40

v

Et taché de leur sang, tes marbres, ô Paros!
—Mais la chose ne fait rien à notre héros.
Bien des heures, des jours, bien des longues semaines
Passèrent, sans que rien dans les choses humaines
Le tentât d'y rentrer. — —Tout-à-coup, un beau jour . . . 45
Fût-ce l'ambition, ou bien fût-ce l'amour?
(Peut-être tous les deux, car ces folles déesses
Viennent à tous propos déranger nos paresses),
Quoi qu'il en soit, lecteur, voici ce qu'il advint
A mon ami Mardoche, en l'an 1820.   50

vi

Je ne vous dirai pas quelle fut la douairière
Qui lui laissa son bien en s'en allant en terre,
Sur quoi de cénobite il devint élégant,
Et n'allait plus qu'en fiacre au boulevard de Gand.
Que dorme en paix ta cendre, ô quatre fois bénie   55
Douairière, pour le jour où cette sainte envie,
Comme un rayon d'en haut, te vint prendre en toussant,
De demander un prêtre, et de cracher le sang!
Ta tempe fut huilée, et sous la lame neuve
Tu te laissas clouer, comme dit Sainte-Beuve.   60

vii

Tes meubles furent mis, douairière, au Châtelet.
Chacun vendu le tiers de l'argent qu'il valait.
De ta robe de noce on fit un parapluie;
Ton boudoir, ô Vénus! devint une écurie.
Quatre grands lévriers chassèrent du tapis   65
Ton chat, qui de tout tems, sur ton coussin tapi,
S'était frotté le soir l'oreille à ta pantouffle,
Et qui, maigre aujourd'hui, la queue au vent, s'essouffle
A courir sur les toits des repas incertains.
—Admirable matière à mettre en vers latins!   70

viii

Je ne vous dirai pas non plus à quelle dame
Mardoche ayant d'abord laissé prendre son âme,
Dut ces douces leçons, premier enseignement
Que l'amie, à regret, donne à son jeune amant.
Je ne vous dirai pas comment, à quelle fête   75
Il la vit, qui des deux voulut le tête-à-tête,
Qui des deux, du plus loin, hasarda le premier
L'œillade italienne, et qui, de l'écolier
Ou du maître, trembla le plus. —Hélas! qu'en sais-je,
Que vous ne sachiez mieux, et que vous apprendrais-je?   80

ix

Il se peut qu'on oublie un rendez-vous donné,
Une chance, —un remords, —et l'heure où l'on est né,
Et l'argent qu'on emprunte. —Il se peut qu'on oublie
Sa femme, ses amis, son chien, et sa patrie.—
Il se peut qu'un vieillard perde jusqu'à son nom.   85
Mais jamais l'insensé, jamais le moribond,
Celui qui perd l'esprit, ni celui qui rend l'âme,
N'ont oublié la voix de la première femme
Qui leur a dit tout bas ces quatre mots si doux
Et si mystérieux:— «My dear child, I love you.»   90

x

Ce fut aux premiers jours d'automne, au mois d'octobre,
Que Mardoche revint au monde. —Il était sobre
D'habitude, et mangeait vite. —Son cuisinier
Ne l'inquiétait pas plus que son palfrenier.
Il ne prit ni cocher, ni groom, ni gouvernante,   95
Mais (honni soit qui mal y pense) une servante.
De ses façons d'ailleurs rien ne s'était changé.
Peut-être l'on dira qu'il était mal logé;
C'est à quoi je réponds qu'il avait pour voisine
Deux yeux napolitains, qui s'appelaient Rosine.   100

xi

J'adore les yeux noirs avec des cheveux blonds;
Tels les avait Rosine. —Et de ces regards, longs,
A s'y noyer. — —C'étaient deux étoiles d'ébène
Sur des cieux de cristal. —Tantôt mourans, à peine
Entr'ouverts au soleil, comme les voiles blancs   105
Des abbesses de cour. —Tantôt étincelans,
Calmes, livrant sans crainte une âme sans mélange,
Doux, et parlant aux yeux le langage d'un ange.
—Que Mardoche y prit goût, ce n'est aucunement,
Judicieux lecteur, raison d'étonnement.   110

xii

M'en croira qui voudra. —Mais depuis qu'en décembre
La volonté du ciel est qu'on garde la chambre,
A coup sûr, paresseux et fou comme je suis,
A rêver sans dormir j'ai passé bien des nuits.
Le soir, au coin du feu, renversé sur ma chaise,   115
Mon menton dans ma main, et mon pied dans ma braise,
Pendant que l'aquilon frappait à mes carreaux,
J'ai fait bien des romans, —bâti bien des châteaux;
J'ai, comme Prométhée, animé d'une flamme
Bien des êtres divins, portant des traits de femme;   120

xiii

Blonds cheveux, sourcils bruns, front vermeil ou pâli:
Dante aimait Béatrix, —Byron la Guiccioli.
Moi (si j'eusse été maître en cette fantaisie),
Je me suis dit souvent que je l'aurais choisie
A Naple, un peu brûlée à ces soleils de plomb   125
Qui font dormir le pâtre à l'ombre du sillon;
Une lèvre à la turque, et sous un col de cigne,
Un sein vierge et doré comme la jeune vigne,
Telle que par instant Giorgione en devina,
Ou que dans cette histoire était la Rosina.   130

xiv

Il en est de l'amour comme des litanies
De la vierge. —Jamais on ne les a finies,
Mais une fois qu'on les commence, on ne peut plus
S'arrêter. —C'est un mal propre aux fruits défendus.
C'est pourquoi chaque soir la nuit était bien proche,   135
Et le soleil bien loin, quand mon ami Mardoche
Quittait la jalousie écartée à demi,
D'où l'indiscret lorgnon plongeait sur l'ennemi.
—Même, quand il faisait clair de lune, l'aurore
A son poste souvent le retrouvait encore.   140

xv

Philosophes du jour, je vous arrête ici!
O sages demi-dieux, expliquez-moi ceci.
On ne volerait pas à coup sûr un obole
A son voisin; pourtant, quand on peut, on lui vole . . .
Sa femme! —Car il faut, ô lecteur bien appris,   145
Vous dire que Rosine, entre tous les maris,
Avait reçu du ciel, par les mains d'un notaire,
Le meilleur qu'à Dijon avait trouvé son père.
On pense, avec raison, que sa mère, en partant,
N'avait rien oublié sur le point important.   150

xvi

Rien n'est plus amusant qu'un premier jour de noce;
Au débotté d'ailleurs on avait pris carrosse.
Le reste à l'avenant. —Sans compter les chapeaux
D'Herbeau, rien n'y manquait. —C'est un méchant propos
De dire qu'à six ans une poupée amuse   155
Autant qu'à dix-neuf ans un mari. — —Mais tout s'use.
Une lune de miel n'a pas trente quartiers,
Comme un baron saxon. —Et gare les derniers!
L'amour (hélas! l'étrange et la fausse nature!)
Vit d'inanition, et meurt de nourriture.   160

xvii

Et puis, que faire? Un jour, c'est bien long. —Et demain?
Et toujours? —L'ennui gagne. —A quoi rêver au bain?
—Hélas! l'Oisiveté s'endort, laissant sa porte
Ouverte. —Entre l'Amour. Pour que la Raison sorte,
Il n'en fallait pas tant. La vie en un moment   165
Se remplit; —on se trouve avoir pris un amant.
—L'un attaque en hussard la déesse qu'il aime,
L'autre fait l'écolier. —Chacun a son système.
Hier, un de mes amis se trouvant à souper
Auprès d'une duchesse, eut soin de se tromper   170

xviii

De verre. —Mais vraiment, dit la dame en colère,
Etes-vous fou, Monsieur? vous buvez dans mon verre:
—O l'homme peu galant, qui ne répondit rien,
Si ce n'est: Faites-en, madame, autant du mien.
Assurément, lecteur, le tour était perfide;   175
Car, l'ayant pris tout plein, il le reposa vide.
La dame avait du blanc, et pourtant en rougit.
Qu'y faire? On chuchota. Dieu sut ce qu'on en dit.
Mon Dieu, qui peut savoir lequel on récompense
Le mieux, ou d'un respect — ou de certaine offense?   180

xix

Je n'ai dessein, lecteur, de faire aucunement
Ici, ce qu'à Paris l'on appelle un roman.
Peu s'en faut qu'un auteur, qui pas à pas chemine,
Ne vous fasse coucher avec son héroïne.
Ce n'est pas ma manière; et, si vous permettez,   185
Ce sera quinze jours que nous aurons sautés.
—Un dimanche (observez qu'un dimanche la rue
Vivienne est tout-à-fait vide, et que la cohue
Est aux Panoramas, ou bien au boulevard),
Un dimanche matin, une heure, une heure un quart,   190

xx

Mardoche, habit marron, en landau de louage,
Par-devant Tortoni, passait en grand tapage.
Gare! criait le groom. —Quoi! Mardoche en landau?
—Oui. —La grisette à pied, trottant comme un perdreau,
Jeta plus d'une fois sans doute, à la portière   195
De jeune gentleman, l'œillade meurtrière;
Mais il n'y prit pas garde; un important projet
A ses réflexions semblait donner sujet.
Son regard était raide, et jamais diplomate
Ne parut plus guindé ni plus haut sur cravate.   200

xxi

Où donc s'en allait-il! —Il allait à Meudon.
Quoi! Si matin, si loin, si vite, et pourquoi donc?
—Le voici. —D'où sait-on, s'il vous plaît, qu'on approche
D'un village, sinon qu'on en entend la cloche?
Or, la cloche suppose un clocher. —Le clocher   205
Un curé. —Le curé, quand c'est jour de prêcher,
A besoin d'un bedeau. Le bedeau, d'ordinaire,
Est en même temps cuistre à l'école primaire.
Or, le bedeau du lieu, lecteur, était l'ancien
Allié des parens de Mardoche, et le sien.   210

xxii

De plus, j'ai déjà dit que c'était jour de fête:
Une fête à Meudon tourne plus d'une tête.
Et qui pouvait savoir, tandis que, soucieux,
Notre héros à terre avait fixé ses yeux,
Ce qu'il venait chercher? —Le fait est, qu'il fit mettre   215
Sa voiture en un lieu sûr, qu'il pût reconnaître,
Puis s'éloigna pensif, sans trop regarder où,
Silencieux, et, comme on dit, à pas de loup.
—Toujours un amoureux s'en va tête baissée,
Cheminant de son pied moins que de sa pensée,   220

xxiii

Heureux un amoureux! —Il ne s'enquête pas
Si c'est pluie ou gravier dont s'attarde son pas.
On en rit: c'est hasard s'il n'a heurté personne;
Mais sa folie au front lui met une couronne,
A l'épaule une pourpre, et devant son chemin   225
La flûte et les flambeaux, comme un jeune Romain!
Tel était celui-ci, qu'à sa mine inquiète
On eût pris pour un fou, sinon pour un poète.
Car vous verriez plutôt une moisson sans pré,
Sans serrure une porte, et sans nièce un curé,   230

xxiv

Que sans manie un homme ayant l'amour dans l'âme.
Comme il marchait pourtant, un visage de femme
Qui passa tout-à-coup sous un grand voile noir,
Le jeta dans un trouble horrible à concevoir.
Qu'avait-il? —Qu'était donc cette beauté voilée? 235
Peut-être sa Rosine! —Au détour de l'allée
Avait-il reconnu, sous les plis du schall blanc,
Sa démarche à l'anglaise, et son pas nonchalant?
Elle n'était pas seule; un homme à face pâle
L'accompagnait d'un air d'aisance conjugale. 240

xxv

Quoi qu'il en soit, lecteur, notre héros suivit
Cette beauté voilée, aussitôt qu'il la vit.
Long-tems et lentement, au bord de la terrasse,
Il marcha comme un chien basset sur une trace;
Toujours silencieux, car il délibérait 245
S'il devait passer outre ou bien s'il attendrait.
L'ennemi tout-à-coup, à sa grande surprise,
Fit volte-face. Il vit que l'instant de la crise
Approchait; tenant donc le pied ferme, aussitôt
Il rajusta d'un coup son col et son jabot. 250

xxvi

Muses! —Depuis le jour où John Bull, en silence,
Vit jadis par Brummel, en dépit de la France,
Les gilets blancs proscrits, et jusques aux talons,
(Exemple monstrueux!) traîner les pantalons;
Jusqu'à ces heureux tems où nos compatriotes 255
Enfin jusqu'à mi-jambe ont relevé leurs bottes,
Et, ramenant au vrai tout un siècle enhardi,
Dégagé du maillot le mollet du dandy!
Si jamais, retroussant sa royale moustache,
Gentilhomme au plein vent fit siffler sa cravache, 260

xxvii

D'un air tendre et rêveur si jamais merveilleux
Pour montrer une bague écarta ses cheveux;
Oh! surtout, si jamais manchon aristocrate
Fit mollement plier la douillette écarlate,
Ou si jamais, pareil à l'étoile du soir,   265
Put sous un voile épais pétiller un œil noir;
O muses d'Hélicon! —O chastes Piérides!
Vous qui du double roc buvez les eaux rapides!
Dites, ne fût-ce pas lorsque, la canne en l'air,
Mardoche en sautillant passa comme un éclair?   270

xxviii

Ce ne fut qu'un coup-d'œil: et, bien que passé maître,
Notre époux, à coup sûr, n'y put rien reconnaître.
Un vieux Turc accroupi, qui près de là fumait,
N'aurait pas eu le temps de dire—Mahomet.
La dame, je crois même, avait tourné la tête;   275
Et sans s'inquiéter autrement de la fête,
Ni des gens de l'endroit, ni de son bon parent,
Mardoche regagna sa voiture en courant.
A Paris! —dit le groom en fermant la portière.
A Paris! Ho l'étrange et la plaisante affaire!   280

xxix

Lecteur, qui ne savez que penser de ceci,
Et qui vous préparez à froncer le sourcil,
Si vous n'avez déjà deviné que Mardoche
Emportait de Meudon un billet dans sa poche,
Vous serez, en rentrant, étonné de le voir   285
Se jeter tout soudain le nez contre un miroir;
Demander du savon, et gronder sa servante;
Puis, laissant son laquais glacé par l'épouvante,
Se vider sur le front, ainsi qu'un flot lustral,
Un flacon tout entier d'huile de Portugal.   290

xxx

Vénus! flambeau divin! —Astre cher aux pirates!—
Astre cher aux amans! —Tu sais que de cravates
Un jour de rendez-vous chiffonne un amoureux;
Tu sais combien de fois il en refait les nœuds!
Combien coule sur lui de lait de rose et d'ambre!   295
Tu sais que de gilets et d'habits par la chambre
Vont traînant au hasard, mille fois essayés,
Pareils à des blessés qu'on heurte et foule aux pieds;
Vous surtout, dards légers, qu'en ses doctes emphases
Delille a consacrés par quatre périphrases!*   300

xxxi

O bois silencieux! ô lacs! — O murs gardés!
Balcons quittés si tard! si vite escaladés!
Masques! qui ne laissez entrevoir d'une femme
Que deux trous sous le front, qui lui vont jusqu'à l'âme!
O capuchons discrets! —O manteaux de satin   305
Que presse sur la taille une amoureuse main!
Amour, mystérieux amour! Douce misère!
Et toi, lampe d'argent, pâle et fraîche lumière
Qui fais les douces nuits plus blanches que le lait!
—Soutenez mon haleine en ce divin couplet!   310

xxxii

Je veux chanter ce jour d'éternelle mémoire
Où, son dîner fini, devant qu'il fît nuit noire,
Notre héros, le nez caché sous son manteau,
Monta dans sa voiture une heure au moins trop tôt!
Ho, qu'il était joyeux; et, quoiqu'on n'y vit goutte,   315
Que de fois il compta les bornes de la route!
Lorsqu'enfin le tardif marche-pied s'abaissa,
Comme le cœur battant d'abord il s'élança!
Tout le quartier dormait profondément, —en sorte
Qu'il leva lentement le marteau de la porte.   320

*Les épingles.

xxxiii

Etes-vous quelquefois sorti par un tems doux,
Le soir, seul, en automne, —ayant un rendez-vous?
Il est de trop bonne heure, et l'on ne sait que faire
Pour tuer, comme on dit, le tems, ou s'en distraire.
On s'arrête, on revient. —De guerre lasse enfin,   325
On entre. —On va poser son front sur un coussin.—
Sur le bord de son lit. — —Place à jamais sacrée!
Tiède encor des parfums d'une tête adorée!
—On écoute. —On attend. —L'ange du souvenir
Passe, et vous dit tout bas: «L'entends-tu pas venir?»   330

xxxiv

J'ai vu sur les autels le pudique hyménée
Joindre une sèche main de prude surannée
A la main sans pudeur d'un roué de vingt ans.
Au Hâvre, dans un bal, j'ai vu les yeux mourans
D'une petite anglaise, à l'air mélancolique,   335
Jeter un long regard plein d'amour romantique,
Sur un buveur de punch, et qui dans le moment
Venait de se griser abominablement!
J'ai vu des apprentis se vendre à des douairières,
Et des Almavivas payer leurs chambrières.   340

xxxv

Est-il donc étonnant qu'une fois à Paris,
Deux jeunes cœurs se soient rencontrés —et compris?
Hélas! de belles nuits le ciel nous est avare
Autant que de beaux jours! —Frères, quand la guitare
Se mêle au vent du soir, qui frise vos cheveux,   345
Quand le clairet vous a ranimé de ses feux,
Ho! que votre maîtresse alors surtout soit belle!
Sinon, quand vous voudrez porter les yeux sur elle,
Vous sentirez le cœur vous manquer, et soudain
L'instrument, malgré vous, tomber de votre main.   350

xxxvi

L'auteur du présent livre, en cet endroit, supplie
Sa lectrice, si peu qu'elle ait la main jolie,
(Comme il n'en doute pas), d'y jeter un moment
Les yeux, et de penser à son dernier amant.
Qu'elle songe, de plus, que Mardoche était jeune,   355
Amoureux, qu'il avait pendant un mois fait jeûne,
Que la chambre était sombre, et que jamais baisé
Plus long ni plus ardent ne put être posé
D'une bouche plus tendre, et sur des mains plus blanches
Que celles que Rosine eut au bout de ses manches.   360

xxxvii

Car, à dire le vrai, ce fut la Rosina
Qui parut tout-à-coup quand la porte tourna.
Je ne sais, ô lecteur, si notre ami Mardoche
En cette occasion crut son bien sans reproche :
Mais il en profita. —Pour la table, le thé,   365
Les biscuits et le feu, ce fut vite apporté.
—Il pleuvait à torrens. —Qu'on est bien deux à table !
Une femme ! un souper ! Je consens que le diable
M'emporte, si jamais j'ai souhaité d'avoir
Rien autre chose avant de me coucher le soir.   370

xxxviii

Lecteur, remarquez bien cependant que Rosine
Etait blonde, l'œil noir, avait la jambe fine,
Même, hormis les pieds qu'elle avait un peu forts,
Joignait les qualités de l'esprit et du corps.
Il paraît donc assez simple et facile à croire,   375
Que son féal époux, sans être d'humeur noire,
Voulut la surveiller. —Peut-être qu'il était
Averti de l'affaire en dessous ; le fait est
Que Mardoche et sa belle, au fond, ne pensaient guère
A lui, quand il cria comme au festin de Pierre :   380

xxxix

Ouvrez-moi!*—Pechero! dit la dame, je suis
Perdue! —Où se cacher, Mardoche? —Au fonds d'un puits,
Il s'y serait jeté de peur de compromettre
La reine de son cœur. Il ouvrit la fenêtre;
Stratagême excellent! —Rien n'était mieux trouvé.   385
Et zeste! —Il se démit le pied sur un pavé.
O bizarre destin! ô fortune inconstante!
O malheureux amant! —Plus malheureuse amante!
Après ce coup fatal, qu'allez-vous devenir?
Hélas! —Et comment donc ceci va-t-il finir?   390

xl

De tous tems les époux, grands dénoueurs de trames,
Ont mangé les soupers des amans de leurs femmes;
On peut voir pour cela depuis maître Gil Blas
Jusqu'à Crébillon fils et monsieur de Faublas.
Mais notre Dijonnais à la face chagrine   395
Jugea la chose mal à propos. —Et Rosine?
Que fit-elle? —Elle avait cet air désappointé
Que fait une perruche à qui l'on a jeté
Malicieusement une fêve arrangée
Dans du papier brouillard en guise de dragée.   400

xli

Elle prend avec soin l'enveloppe, —ote tout,
Tire, et s'attend à bien; puis, quand elle est au bout
Du papier imposteur, voyant la moquerie,
Reste moitié colère et moitié bouderie.
«Madame, dit l'époux, vous irez au couvent.»   405
Au couvent! —O destin cruel et décevant!
Le calice était plein. —Il fallut bien le boire.
Et que dit à ce mot la pauvre enfant? —L'histoire
N'en sait rien. —Et que fit Mardoche? —Pour changer
D'amour, il lui fallut six mois à voyager. — — —   410

*Cette fin est usée; et nous la donnons telle,
Par grand éloignement de la mode nouvelle.

COMMENTARIES AND NOTES

INTRODUCTION

1. See Paul de Musset, *Biographie d'Alfred de Musset* (1877) in Philippe van Tieghem's edition of Musset's *Œuvres complètes*, Collection L'Intégrale, Editions du Seuil, 1963, pp. 30–1. Except for the *Contes d'Espagne et d'Italie*, all references to Musset's works (and to his brother's biography) are quoted from this edition, referred to hereafter as 'L'Intégrale'.

2. The text of 'Un Rêve' is reproduced here for comparison with the *Contes d'Espagne et d'Italie*:

> La corde nue et maigre,
> Grelottant sous le froid
> > Beffroi,
> Criait d'une voix aigre
> Qu'on oublie au couvent
> > L'Avent.
>
> Moines autour d'un cierge,
> Le front sur le pavé
> > Lavé,
> Par décence, à la Vierge
> Tenaient leurs gros péchés
> > Cachés;
>
> Et moi, dans mon alcôve,
> Je ne songeais à rien
> > De bien;
> La lune ronde et chauve
> M'observait avec soin
> > De loin;
>
> Et ma pensée agile,
> S'en allant par degré,
> > Au gré
> De mon cerveau fragile,
> Autour de mon chevet
> > Rêvait.
>
> —Ma marquise au pied leste!
> Qui ses yeux noirs verra,
> > Dira

Qu'un ange, ombre céleste,
Des chœurs de Jéhova
    S'en va!

Quand la harpe plaintive
Meurt en airs languissants,
    Je sens,
De ma marquise vive,
Le lointain souvenir
    Venir!

Marquise, une merveille,
C'est de te voir valser,
    Passer,
Courir comme une abeille
Qui va cherchant les pleurs
    Des fleurs!

O souris-moi, marquise!
Car je vais, à te voir,
    Savoir
Si l'amour t'a conquise,
Au signal que me doit
    Ton doigt.

Dieu! si ton œil complice
S'était de mon côté
    Jeté!
S'il tombait au calice
Une goutte de miel
    Du ciel!

Viens, faisons une histoire
De ce triste roman
    Qui ment!
Laisse, en tes bras d'ivoire,
Mon âme te chérir,
    Mourir!

Et que, l'aube venue,
Troublant notre sommeil
    Vermeil,
Sur ton épaule nue
Se trouve encor demain
    Ma main!

Et ma pensée agile,
S'en allant par degré
  Au gré
De mon cerveau fragile,
Autour de mon chevet
  Rêvait!

—Vois-tu, vois-tu, mon ange,
Ce nain qui sur mon pied
  S'assied!
Sa bouche (oh! c'est étrange!)
A chaque mot qu'il dit
  Grandit.

Vois-tu ces scarabées
Qui tournent en croissant,
  Froissant
Leurs ailes recourbées
Aux ailes d'or des longs
  Frelons?

—Non, rien; non, c'est une ombre
Qui de mon fol esprit
  Se rit,
C'est le feuillage sombre,
Sur le coin du mur blanc
  Tremblant.

—Vois-tu ce moine triste,
Là, tout près de mon lit,
  Qui lit?
Il dit: ≪Dieu vous assiste!≫
A quelque condamné
  Damné!

—Moi, trois fois sur la roue
M'a, le bourreau masqué,
  Marqué,
Et j'eus l'os de la joue
Par un coup mal visé
  Brisé.

—Non, non, ce sont les nonnes
Se parlant au matin
  Latin;
Priez pour moi, mignonnes,
Qui mon rêve trouvais
  Mauvais.

—Reviens, oh! qui t'empêche,
Toi, que le soir, longtemps,
    J'attends!
Oh! ta tête se sèche,
Ton col s'allonge, étroit
    Et froid!

Otez-moi de ma couche
Ce cadavre qui sent
    Le sang!
Otez-moi cette bouche
Et ce baiser de mort,
    Qui mord!

—Mes amis, j'ai la fièvre,
Et minuit, dans les noirs
    Manoirs,
Bêlant comme une chèvre,
Chasse les hiboux roux
    Des trous.

3. Gautier writes:
Les générations actuelles doivent se figurer difficilement l'effervescence des esprits à cette époque; il s'opérait un mouvement pareil à celui de la Renaissance. Une sève de vie nouvelle circulait impétueusement. Tout germait, tout bourgeonnait, tout éclatait à la fois. Des parfums vertigineux se dégageaient des fleurs; l'air grisait, on était fou de lyrisme et d'art. Il semblait qu'on vînt de retrouver le grand secret perdu, et cela était vrai, on avait retrouvé la poésie. (*Histoire du Romantisme* (1874), Fasquelle, Bibliothèque-Charpentier, 1911, p. 2.)

4. See *Causeries du Lundi*, Garnier, XIII, pp. 364–5:
C'était le printemps même, tout un printemps de poésie qui éclatait à nos yeux.

Il n'avait pas dix-huit ans: le front mâle et fier, la joue en fleur et qui gardait encore les roses de l'enfance, la narine enflée du souffle du désir, il s'avançait, le talon sonnant et l'œil au ciel, comme assuré de sa conquête et tout plein de l'orgueil de la vie. Nul, au premier aspect, ne donnait mieux l'idée du génie adolescent.

5. Quoted by L. Séché, *Etudes d'histoire romantique. Alfred de Musset*, Mercure de France, 1907, I, p. 72.

6. See Séché, I, pp. 66–7.

7. L'Intégrale, p. 22.

8. See *Correspondance d'Alfred de Musset* (*1827–57*), ed. L. Séché, Mercure de France, 1907, pp. 16–17.

9. Quoted by Gastinel, p. 148. See above, p. 9.

10. Alexandre Dumas *père* published the account of his visit to Spain in *De Paris à Cadix* in 1848. See pp. 76–7.

11. See H. Olovsson, *Etude sur les rimes de trois poètes romantiques*, Lund, Carl Bloms, 1924, pp. 28–9.

12. See pp. 255–8 in Maurice Souriau's edition of *La Préface de Cromwell*, Nouvelle Bibliothèque Littéraire, Boivin, n.d.

CONTES D'ESPAGNE ET D'ITALIE

Epigraph to the volume. Musset is quoting part of the first two lines from the second stanza of canto III in Byron's *Don Juan*. Byron writes 'this world', not 'that world'.

AU LECTEUR

1. Musset had planned a play called *Le Comte d'Essex*. See L'Intégrale, pp. 492–4.

2. By 1830 the 'question littéraire' of Classic versus Romantic doctrines had been fiercely argued in every sphere dealing with the arts over a period of more than ten years. See P. Martino, *L'Epoque romantique en France, 1815–1830*, Boivin, 1944. The 'question oubliée de la musique italienne' refers to a debate on the rival merits of German and Italian music, the latter represented by Rossini, and then by Donizetti and Bellini. Balzac was one of the many authors who held decided views on the matter. See, for instance, Thérèse Marix-Spire, *Les Romantiques et la musique, le cas George Sand. 1804–1834*, Nouvelles Editions Latines, 1954.

3. One of Hugo's principal doctrines in the *Préface de Cromwell* was that the sublime and the grotesque, the comic and the tragic should mingle in art as they did in life, rather than being restricted within the separate literary forms of the tragedy and the comedy. As for the Classical dogma of the unities of time and place, the Romantics attacked it in revolutionary terms, sparing only the third unity, that of action.

4. The Romantics held that literary subjects should be taken, not from the Greece or Rome of the Classics, but from more modern history. Poets, dramatists, and especially novelists, who came strongly under the influence of Walter Scott, were quick to put this precept into practice. The writing of history itself took a great stride forward during this period with the works of A. Thierry and Michelet for instance. As for the memoir in which autobiography mingled with history, it proliferated in this age of subjectivity.

5. Shakespeare was idolised by the Romantics, and so too was Dante,

whom Hugo recognised as one of his 'divins maîtres'. See the preface to *Les Rayons et les ombres* (1840).

6. *Clarissa, or the History of a Young Lady* (1747–8) is by Samuel Richardson.

DON PAEZ

Written during the Spring or Summer of 1829, 'Don Paez' opens the *Contes d'Espagne et d'Italie* with a brilliant piece of dramatic and pictorial writing. The theme is a run-of-the-mill story of passion, jealousy and vengeance — emotions which appealed strongly to the Romantic group who first heard Musset read the poem aloud at a gathering in his home. The exotic Spanish setting too was the height of literary fashion at the time. In the plot the traditionally vengeful code of honour of Mediterranean countries merges with the unwritten Romantic code that the betrayal of love, whether inside or outside marriage, is a crime of the blackest dye. Twice in later years the tale was used by playwrights, first in 1868 by A. Burtal in a version included in his volume *Pourpres et Haillons* (pp. 129–70), and then in 1929 by Edouard Romilly who wrote *Don Paez, drame espagnol en quatre tableaux (aussi schématiques que possible)* (see his *Théâtre d'amour et d'ésotérisme*, Eugène Figuière, pp. 11–39). The fact that the theatre should have purloined his plot on at least two occasions points to the essentially dramatic nature of Musset's genius, but 'Don Paez' also shows that, like Byron, he had the narrative gift of gripping his reader's attention with a tale told in verse. In poetry, as well as in the prose of his *contes* and *nouvelles*, he can relate a story with an ease and charm of manner which bring to mind La Fontaine.

The stanzas which make up Musset's four cantos vary considerably in length according to dramatic requirements, and the alexandrines too have the variety which the Romantics advocated. Many lines, even in passages of familiar dialogue, show the caesura placed with Classical regularity, as in:

Vous êtes un vilain.—La paix! Adieu, mon cœur. (99)

Others make use of the 'vers trimètre' favoured by the Romantics, so that we find lines such as:

Et sortit; l'air était doux, et la nuit profonde. (110)

Sometimes the caesura falls early or late, forming a pattern which, strictly speaking, is irregular but occurs often in seventeenth-century verse. The opening lines of the poem describe Madrilenian prudes whom a duenna:

Talonne, comme fait sa mule un muletier (4),

and the soldiers' dialogue provides an example of a line where, in contrast, the break comes before the last three syllables:

> Vous ne connaissez pas l'Arabelle; elle est brune. (165)

The lines already quoted prove that Musset did not hesitate to use 'enjambement', the device which added to the uproar at the first night of Hugo's *Hernani* by rousing reactionaries in the audience to fury almost as soon as the curtain rose. There are 'rich rhymes' in plenty too, 'mignons' pairing off with 'champignons' (19–20) and 'Espagne' with 'campagne' (53–4). Very early in his poetic career Musset began to weed out such examples of what he considered to be the Romantic over-preoccupation with form, and the *Contes d'Espagne et d'Italie* are just as prolific in rhymes which are technically inadequate, as when one partner in a pair of rhyming words has a long vowel and the other a short one, for instance. In 'Don Paez' 'femme' is made to rhyme with 'âme' on more than one occasion.

Epigraph. The quotation comes from Act III, scene iii of Shakespeare's *Othello*. Like many of his contemporaries, Musset felt an intense admiration for Shakespeare, who offered the Romantic dramatists a welcome example of great plays cast in a totally different mould from that used by the French Classical theatre. A touring company of English actors who visited France in 1822 and, more successfully, in 1827, had done much to bring Shakespeare to the attention of Paris (the composer Berlioz, who several times took a Shakespearean theme as the starting-point for his music, married one of the actresses, Harriet Smithson), and in 1829 Vigny presented his own version of *Othello*.

2. The Prado is a famous art-gallery in Madrid, and also the name of the nearby avenue, which is a favourite place for promenading.

3. *duègne*: Like the muleteer in the following line, the duenna or chaperon is a stock figure in foreign portrayals of Spain.

9–11. This hatred of prudery and coldness is a theme which recurs throughout Musset's writings and can be seen, for instance, in 'Sur une morte' (*R.D.M.* October 1, 1842), his bitter portrayal of the Princess Belgiojoso, whom he had courted unsuccessfully.

18. The gilded balcony and the silken ladder are typically trite but not unattractive items in the Romantics' set ideas of romance in a Mediterranean land.

22. When attempts were made to introduce the waltz into England and France in the late eighteenth century it was considered a scandalous dance. This attitude is reflected in *Il ne faut jurer de rien* (Act I, sc. ii), where Musset's heroine, Cécile, pleads unsuccessfully with her mother to be allowed to learn 'la valse à deux temps'. In Parisian society of the Romantic period, however, the waltz was all the rage.

25–7. In the Greek legend a sculptor, Pygmalion, fell in love with a

statue he had carved, that of a beautiful woman whom he named
Galatea and who was brought to life by his embrace. George Bernard
Shaw's play *Pygmalion* takes the same story as its source.

33. *Place San-Bernardo* seems to be fictitious, which is not surprising
since topographical authenticity was probably not high in Musset's
list of priorities when he wrote 'Don Paez'.

33–52. This still-life painting in words reminds us that Musset was a
gifted artist as well as a writer. In this interior, an interplay of contrasting
light effects and textures, of colours, scents and shapes adds up to a
total richness which brings to mind passages from Keats's 'The Eve of
St. Agnes'. Madeline's virginal sleep in the English poem is very different
from our first glimpse of Musset's Juana, but she too lies in bed in a room
where the moonlight shines through a mediæval window:

> A casement high and triple-arch'd there was,
> All garlanded with carven imag'ries
> Of fruits, and flowers, and bunches of knot-grass.

Here again a laden table adds colour, shape, texture and scent to the
scene as Porphyro sets out a midnight supper:

> Then by the bed-side, where the faded moon
> Made a dim, silver twilight, soft he set
> A table, and, half anguish'd, threw thereon
> A cloth of woven crimson, gold, and jet.

From a cupboard he takes a heap of fruit and dainties:

> These delicates he heap'd with glowing hand
> On golden dishes and in baskets bright
> Of wreathed silver: sumptuous they stand
> In the retired quiet of the night,
> Filling the chilly room with perfume light.

Madeline still sleeps:

> . . . Shaded was her dream
> By the dusk curtains:—'twas a midnight charm
> Impossible to melt as iced stream:
> The lustrous salvers in the moonlight gleam;
> Broad golden fringe upon the carpet lies.

> (stanzas xxiv–xxxii)

Whatever the faults of the Romantic imagination, in such scenes it
provides the reader's senses with a feast. In another dramatic poem,
Vigny depicts a Madrilenian boudoir which belongs to the same sen-
suous dream-world as that in *Don Paez:*

> Est-ce la Volupté qui, pour ses doux mystères,
> Furtive, a rallumé ces lampes solitaires?
> La gaze et le cristal sont leur pâle prison.
> Aux souffles purs d'un soir de l'ardente saison

S'ouvre sur le balcon la moresque fenêtre;
Une aurore imprévue à minuit semble naître
Quand la lune apparaît, quand ses gerbes d'argent
Font pâlir les lueurs du feu rose et changeant;
Les deux clartés à l'œil offrent partout leurs pièges,
Caressent mollement le velours bleu des sièges,
La soyeuse ottomane où le livre est encor,
La pendule mobile entre deux vases d'or,
La Madone d'argent, sous des roses cachée,
Et sur un lit d'azur une beauté couchée.

(Dolorida, 1823)

At this time in his career, Musset had none of the concern for pains-taking and detailed accuracy which Hugo advocated in depicting foreign countries. The luxurious room which his imagination has created would not have been easy to find in nineteenth-century Spain except in an 'afrancesado' house which aped French fashions. The only detail which would have pleased Hugo with its authenticity is the scarlet-fringed blind, on whose popularity in Spain many French travel writers comment. Apart from this, Musset is content to characterise the scene as Spanish by referring to 'les trèfles gris de l'ogive espagnole'. To a French Romantic, Spain had to be gothic when it was not Moorish.

37. *tigrée*: In his *Musset. Morceaux choisis* (2nd ed., Didier, 1924, p. 62, note 2), Joachim Merlant points out that this word could be taken to have either of two meanings. Musset might have been referring to the way in which the moonlight fell on the walls of the room in stripes because of the shutters; he might have imagined a room hung with tiger skins, since 'tigré' in this sense was part of the Romantics' ready-made collection of vocabulary when it came to Oriental, Moorish and Spanish settings. Musset so often makes effects of light and shade part of his pictorial compositions that the first explanation may well be the correct one.

41. *mille parfums*: This hyperbole is sometimes seen as a piece of indefinite description in the Classical manner, compared with the precise details about the scent of orange blossom and other exotic per-fumes with which Romantic writers usually flood Spanish settings. Yet the phrase is evocative, and renders unnecessary several lines of precise description.

41. *mandore*: This is one of the smallest members of the lute family, instruments with rounded backs and strings, which are plucked by the fingers. So ancient that its first appearance has not yet been traced, it was played throughout the Eastern hemisphere as well as in Europe, and was used in the first opera performances in Italy. It dropped from favour earlier in France than in other Mediterranean countries, and so was

available to provide local colour, together with the guitar, in Romantic literature and in later poems, such as Mallarmé's 'Sainte' and 'Une dentelle s'abolit'.

41–4. This could well be an image drawn from Musset's own observation, for he had a passion for dancing, and especially for the waltz. Apparently he never became highly proficient, but enthusiasm and verve made up for his lack of technique.

45–8. Mediterranean moonlight is an essential part of one of the set-pieces of Romantic exoticism. We have already seen Vigny describe it in the quotation from *Dolorida* given in the commentary on lines 33–52. Probably one of the first great authors to treat the theme of a moonlit Spanish night was Chateaubriand in his *Les Aventures du dernier Abencérage* (1826):

> Ses blancs rayons dessinaient sur le gazon des parterres, sur les murs des salles, la dentelle d'une architecture aérienne, les cintres des cloîtres, l'ombre mobile des eaux jaillissantes, et celle des arbustes balancés par le zéphyr.

It may perhaps be the effect of moonlight falling on marble which Musset has in mind in the phrase 'le marbre changeant'. Note in these lines both the interplay of light and the contrasting textures of the marble and the velvet.

54–62. The famed daintiness of Spanish women's feet was one of the miscellaneous pieces of information which had reached the French public through the tales and memoirs of returned travellers, and became incorporated in the Romantic image of the dark-eyed Andalusian beauty. Hugo boasted of his wife's 'Spanish eyes', and during this era girls whose looks were even remotely of the Spanish type made the most of this asset.

63–76. This passage reminds us that, in spite of Musset's youth, he already had the necessary experience to make such descriptions of love-making extremely convincing. The tale of his life could be told in the terms of a series of mistresses, and he was no stranger to Parisian prostitutes.

83–108. Note the ease and naturalness of this dialogue in spite of its being restricted by the demands of the alexandrine, even in its flexible Romantic guise.

102. The fashionable circles in which Musset moved prized English exports highly at this time and everything that crossed the Channel, from social manners to butlers, was very much the vogue in France.

109–12. These four lines form a typical vignette of the Romantic hero, mysteriously enveloped in his cloak, his golden spurs ringing out, as he disappears into the depths of the night. Hugo's Hernani presents a very similar silhouette and so too, in Spain, does Espronceda's Don Félix in *El Estudiante de Salamanca*.

113-15. These lines might well provide an epigraph for Musset's works as a whole, dominated as they are by youthful characters and themes.

Canto II. A similarity has been pointed out between this barracks scene and parts of Mérimée's *Chronique du règne de Charles IX* (1829), but although Musset admired Mérimée, it is believed that he may well have completed 'Don Paez' before Mérimée's novel was published. According to Sainte-Beuve, another author influenced this striking passage:

Un Mathurin Régnier, qui lui tomba sous la main, lui ouvrit une copieuse veine de style franc et nourrissant, qu'il versa sans tarder sur la scène du corps de garde et du cabaret borgne dans 'Don Paez'. (*R.D.M.*, 15 January 1833).

119-40. This extraordinarily vivid and life-like pen-painting of soldiers at leisure, with its movement and its variety of attitudes, clearly illustrates Musset's pictorial and dramatic gifts, and the successes he might have achieved in the cinema if the medium had existed in his day. Musset was certainly no stranger to drinking parties. Despite his limited finances, he was a member of the socially dazzling group of young Parisian aristocrats and dandies who would often carouse into the early hours of the morning. He evidently found the prospect of army life reasonably attractive, for he vowed after his father's death that if his next volume of poetry did not bring in a certain amount of money he would join one of the fashionable regiments, so that he would not be a burden on the family's resources. If he had enlisted, he might well have experienced the disillusionment of which Vigny speaks in *Servitude et Grandeur militaires* (1835).

149. Both *dogna* and *dona* are French versions of the Spanish 'doña'. Musset seems to have favoured the former at first, and then to have turned to the less clumsy-looking alternative.

168. Alfred de Musset's brother, Paul, tells that the bright primary colours of this line provoked an enthusiastic reaction from the audience of Romantics who were present at the first reading of the *Contes d'Espagne et d'Italie*. (Paul de Musset, *Œuvres posthumes d'Alfred de Musset*, 1866, x, 10).

181. *mousqueton*: a fire-arm, but here the word is adapted as a depreciatory form of 'mousquetaire'.

190. *cruzado*: an old Spanish coin.

198. *cortejo*: a Spanish word meaning 'sweetheart' or 'beau'. Unlike Hugo, Musset is sparing in his use of foreign terms.

209–10. This image taken from bull-fighting is one of the comparatively rare touches of local colour in the poem.

212. This is the first of several instances of the ellipsis of *ne* in interrogative sentences, which is found in poetry and is also typical of familiar style.

233–88. Scholars have compared this duel scene to others in Romantic literature, to Hugo's description of the fight between Roland and Oliver in 'Le Mariage de Roland' (*La Légende des Siècles*), for instance, and to a scene in Schiller's *Die Braut von Messina* (see J. Giraud, 'Alfred de Musset et Schiller', *R.H.L.F.*, July–September 1917, p. 395).

In describing the duel Musset not surprisingly turns to images from the animal kingdom, as he had already done in line 210 where a simile compared Don Paez to a bull pricked by a *bandillero*'s dart. Four images in under twenty lines (see ll. 233–8, 250, 255–6 for animal imagery, and line 246 for a comparison between the duellers and two fishermen), is an unusually high concentration for Musset.

240. *Les deux rivaux, penchés sur le bord des remparts*: It has been suggested that here Musset is telescoping the much longer sentence that would represent his true meaning: 'Les deux rivaux se battent sur le bord des remparts, penchés l'un vers l'autre.' Readers used to the compression of twentieth-century verse are unlikely to be troubled by the line as it stands, with its picture of the two silhouettes rising from the battlements against the sky.

243. *à la lueur des flambeaux incertains*: here Musset uses a transferred epithet, a favourite device of Chénier whose poetry he had read while walking home to Auteuil through the Bois de Boulogne during his student days.

244. *agiter leurs destins*: critics have objected to this unusual employment of the verb 'agiter', but again the meaning is clear enough not to trouble twentieth-century readers.

246. The image of 'des pêcheurs courbés sur une rive' suggests that Musset was thinking, not of fishermen with a line, but pulling on a net.

252–4. The picture created by these lines must have delighted Romantic readers, for gothic architecture, which also appears earlier in the poem in the shape of Juana's window, was very much in vogue at the time, especially when it took on an air of ghostly fantasy as here in line 254. We are told that the double attraction of gothic shapes and the sunset sky would often draw Hugo and his friends away from their literary discussions in the Arsenal library to the towers of Notre Dame. Musset refers flippantly to these excursions in stanza i of 'Mardoche', describing the evening hour when 'Monsieur Hugo va voir mourir Phébus le blond.'

262. Musset does little more than indicate the blood flowing from the combatants' wounds, whereas some Romantics would have turned the scene into a luridly described blood-bath.

265. *et que Dieu te pardonne!*: The duellists are Spaniards, therefore almost inevitably Roman Catholics, and Don Paez asks a blessing on his opponent even as he sets out to break a commandment by killing him.

271–6. This comparison of the couple locked in a death-struggle to friends embracing after a journey, with the repeated comment 'Effroyable baiser!' (277 and 283), reinforces the atmosphere of horror which Musset is trying to create. Byron uses a similar image in *The Giaour*:

> Ah! fondly youthful hearts can press,
> To seize and share the dear caress;
> But love itself could never pant
> For all that beauty sighs to grant
> With half the fervour hate bestows
> Upon the last embrace of foes,
> When grappling in the fight they fold
> Those arms that ne'er shall lose their hold:
> Friends meet to part; love laughs at faith;
> True foes, once met, are joined till death!

273–4. *s'étreindre/s'éteindre*: these words are too similar to make an acceptable rhyme.

280. The repeated reference to the rattling sound in the throats of Don Etur and Don Paez makes it easy for the reader to hear the sound in his imagination.

291–6. A full commentary on these lines in the light of Musset's life would take up a whole volume. The close association of love and beauty with suffering was a favourite Romantic theme, which sometimes led into the sort of morbid byways of literature analysed by Mario Praz in his book *The Romantic Agony* (O.U.P., 2nd ed. 1951), but for Musset the mingling of the two elements was already a personal experience (two at least of his early mistresses deceived him in a heartless fashion), which was to recur like a leit-motif in his later years. His correspondence with George Sand after their Italian journey shows that he did indeed struggle, as he promises here, to uproot love from his emotions rather than allow others to see him suffer, even if the effort cost him his life. In an undated letter to her, he writes:

Quoique tu m'aies connu enfant, crois aujourd'hui que je suis homme . . . Que je sois au désespoir, cela est possible; mais ce n'est pas le désespoir qui agit en moi, c'est moi qui le sens, qui le calcule, et qui agis sur lui . . . J'éprouve le seul amour que j'aurai de ma vie . . . je sais qu'il est invincible, mais que, tout invincible qu'il est, ma volonté le sera aussi. (No. XLVI in L. Séché's *Correspondance d'Alfred de Musset, 1827–1857*, p. 88.)

He made repeated attempts, as did George Sand, to break away from their frenzied relationship, and there are those who would say that in a variety of ways this catastrophic affaire did in fact contribute to his eventual death, first as a creative writer and then as a man.

Lines 291–2 have a perhaps unconscious echo of a phrase written by Henri de Latouche in his 'Notice' on Chénier, of whose works he was the first editor (1819). The phrase runs: '. . . ce sentiment qui tient à la douleur par un lien, par tant d'autres à la volupté.'

302. The image helps to intensify the general impression of dilapidation.

305–11. Note the unusual simile which compares Belisa's hovel to an old crone squatting by a marl pit. This image is typical of the way in which Musset's imagination tends to give life to inanimate objects.

328. At first Musset had written a version of this line which made it end with 'leva'. This formed a 'rich rhyme' with 'canevas', but nevertheless the rhyme was incorrect since one of the words ends in a mute 's' and the other does not. Musset quickly changed the line into its present form and a sheet was printed to cover the page as it first stood.

332–44. The use of striking contrasts was one of the principles preached by Hugo in the *Préface de Cromwell*, where he interprets man's nature as a basic antithesis between the divine and the earthly elements which form it. This antithesis between Belisa's present misery and ugliness and her gay and beautiful youth must surely have met with his approval. The figure of the prostitute recurs throughout Musset's work, sometimes briefly in his images, sometimes studied in sympathetic detail, as for instance in his 'nouvelle', *Frédéric et Bernerette* (1838), although in this story the heroine manages to raise herself to the position of actress after being sold into prostitution by her parents.

341–2. *Bolero* (a Spanish dance) and *alcade* (the French version of the Spanish word 'alcalde' meaning 'mayor') are two of the few foreign words which Musset uses in 'Don Paez', whereas less restrained Romantic authors, particularly those of the second rank, peppered their texts so heavily with this type of local colour that the effect becomes comical.

350–2. The repulsive and at the same time pitiful movement of the old woman reaching out as though to a lover's embrace is a reminder that Musset sometimes tends to dwell on the repellent and the decaying.

370–2. Once again Musset uses an animating image, this time depicting poison as a cat cruelly playing with its prey.

376–408. The passage describing the sorceress's philtre shows the same type of interest which had made Musset, very early in his literary career, publish a version of De Quincey's *Confessions of an English Opium-*

Eater. (The English work appeared in 1821 and Musset's supposed translation in 1828.)

413–20. Moonlight, white skin, and ebony hair all contribute to a typical portrait of Spanish beauty as the Romantics delighted to picture it. In Vigny's *Dolorida* we first see the heroine lying in bed in her moonlit room:

> Ce col, ce sein d'albâtre, à l'air nocturne ouverts,
>
> Et ces longs cheveux noirs tombant sur son épaule,
>
> Comme tombe à ses pieds le vêtement du saule (ll. 32–4).

The apogee of the type is probably found in Carmen, Mérimée's 'beauté étrange et sauvage' with her 'cheveux . . . noirs, à reflets bleus comme l'aile d'un corbeau, longs et luisants' (*Carmen, R.D.M.*, 1 October 1845). Yet Mérimée's 'femme fatale' owes her existence in part to personal observation during the author's days in Spain, rather than being a pure figment of the imagination as Musset's Juana seems to be. Later Musset was to find the 'black-helmeted' looks which he had portrayed turned into reality in George Sand.

419–20. The syntax calls for a verb in the singular, or for the substitution of 'le' for 'du' before 'moment' as in later editions.

421–8. This is one of those magical cityscapes which Musset was adept at creating and which are one of the delights of the *Contes d'Espagne et d'Italie*. He knew no more of Madrid than most other Romantic arm-chair travellers, and was probably not aware that the river Manzanares which he describes lyrically was often nothing but an uninspiringly muddy trickle. Factual objections laid aside, these lines form an evocative picture of almost any capital city at night, with its mysterious sounds and picturesque silhouettes. Notice the fantastic vision of night as a huge serpent entwining itself around the domes of Madrid (422). Not for Musset here the stereotyped image of night as an enveloping cloak.

429. Musset later changed his version of the Spanish 'señora' from 'segnora' to the less awkward-looking 'senora'.

430–8. Describing the agonising moments of waiting for a lover's arrival, this 'poet of youth' captures the essence of the situation with an intensity that recalls Tschaikowsky's fantasy-overture *Romeo and Juliet*.

440. The reference is to Dante Alighieri's description of the descent into Hell in the *Inferno*, one of the three sections of *La Divina Commedia*.

452. It would have been impossible for the hero of a Classical work to give such a down-to-earth reason for failing to kiss his mistress, but the Romantics were determined to emancipate the language of literature just as the French revolution had broken down the barriers of the Bastille to liberate its prisoners. The aim was to produce a style 'pouvant parcourir toute la gamme poétique, aller de haut en bas, des idées les

plus élevées aux plus vulgaires, des plus bouffonnes aux plus graves, des plus extérieures aux plus abstraites . . . ' (*La Préface de Cromwell*, ed. Souriau, p. 281).

455–6. With Don Paez's enigmatic statement and the description of his pallor and cryptic smile, the poem takes on a melodramatic tone.

461–76. Even in this brief appearance in the poem, Juana is given a definite character. Notice the hauteur of her early contributions to this passage of dialogue and then her passionate pleading in the later lines. Nevertheless she is a shadowy figure and a shallow one in comparison with those in Musset's later works.

487–8. Wild seas were an internationally favourite source of imagery for Romantic writers, from Byron to Espronceda.

495–6. In later editions these lines read:

> Nul flambeau, nul témoin que la profonde nuit
> Qui ne raconte pas les secrets qu'on lui dit.

No doubt some literal-minded critic had objected that daylight or darkness made no difference to the sound of steel meeting flesh.

Throughout this final passage Musset adopts the device whereby an author pretends to know as little of the events that are taking place as his readers do.

LES MARRONS DU FEU

The title is taken from the expression 'Tirer les marrons du feu', that is, to take a risk where no personal profit is involved. Musset's plays show his fondness for using proverbs and sayings as titles. A list of his works includes 'La Coupe et les Lèvres,' 'On ne badine pas avec l'amour,' 'Il ne faut jurer de rien,' 'Il faut qu'une porte soit ouverte ou fermée', and 'On ne saurait penser à tout,' for instance. The improvisation of charades or playlets to illustrate a proverb was a popular diversion in seventeenth- and eighteenth-century 'salons', and there could have been no better agent to transmit the spirit of these 'proverbes dramatiques' to Alfred than his own grandfather, who was a poet and a wit as well as being a lawyer. In his biography of his brother published in 1877, Paul de Musset describes the one-man dramatic performances put on by their grandfather:

> M. Guyot-Desherbiers était doué d'une mémoire prodigieuse; dans un âge fort avancé, il s'amusait à réciter des comédies entières, jouant tous les rôles avec une verve et un talent qui faisaient le bonheur de son entourage, et surtout de ses petits-enfants. J'ai ouï dire que le bonhomme Carmontelle, dont il savait plusieurs proverbes par cœur, prenait un plaisir extrême à les lui entendre réciter, et que

l'auteur y trouvait quantité de nuances et de traits spirituels auxquels il n'avait pas songé. (See L'Intégrale, p. 16).

Even before he published his volume called *Un Spectacle dans un fauteuil* (1833), Musset was already in *Les Marrons du Feu* providing his public with a drama to read by their fireside. After his death, however, an adaptation was made for stage performance and presented to theatre-goers first at the Salle Duprez in Paris in 1833 and then in Brussels in December 1899 at the Théâtre du Parc.

It is possible that Casanova's *Memoirs* may have played a part in helping to shape the character of Rafael. In one of his brilliant pieces of journalism published in *Le Temps* (20 March 1831), Musset analyses Casanova's nature in terms that could be applied just as easily to his hero in *Les Marrons du Feu*. 'Jamais un grain de raison, peu de religion, de conscience encore moins. Dupant les sots avec délices; trompant les femmes avec bonne foi.' On the other hand there does not seem to be any evidence that Musset had read the *Memoirs* before composing his dramatic poem, and the same sort of model was abroad in the form of Byron's heroes and in a certain type of contemporary dandy.

As for La Camargo, it may also have been from a reading of Casanova's memoirs that Musset learned about the famous dancer whom Voltaire praised in verse and whose real name was Marie-Anne de Cupis, but the heroine of *Les Marrons du Feu* bears little resemblance to the woman from whom she takes her name. La Camargo had never set foot in Italy, it seems, and in 1763, when the play takes place according to Rafael (see scenes ii and v), she was a woman of fifty-three instead of the young beauty he portrays. For Musset, after all, her name was no more than the starting point for an Italian fantasia; historical accuracy mattered not at all in this poem. Yet there was a flesh and blood model for his heroine. Ulric Guttinguer, the close friend to whom the poem is dedicated, had at one time a mistress named Octavie, and it is she who is portrayed in *Les Marrons du Feu*. In his edition of Musset's poetry Maurice Allem confirms this by quoting from a letter written by Guttinguer to Musset in 1852. 'J'ai lu la Camargo en arrivant ici (Honfleur) et je me suis rappelé la pauvre morte que je vous racontai et que vous avez rendue immortelle' (p. 612).

Another possible influence on the work's conception is pointed out by Maurice Allem (in the Pléiade edition again). The tone and atmosphere of *Les Marrons du Feu* is so completely different from that of Racine's *Andromaque* that the Classical play may not spring immediately to the mind as one reads Musset's work. Nevertheless we shall see that there are sufficient similarities of plot and character to have made some critics look on the poem as a parody or variation of *Andromaque*. If Musset did indeed follow the same outline of situation, the influence might well have been an unconscious one. If he had any intention of writing a parody of Racine, his attitude was certainly to change in the years to come when he showed immense enthusiasm for the seventeenth-century tragedian.

Prologue. 5–7. Molière is said to have read many of his plays to his maid-servant, Laforêt, a fact to which Musset refers again in 'Namouna' (canto II, stanzas x and xi). It is not surprising that this anecdote took his fancy since he maintains elsewhere that the best judge of literature is 'Margot', the average woman:

> . . .
>
> Car ce n'est que pour vous, grande dame ou grisette,
> Sexe adorable, absurde, exécrable et charmant,
> Que ce pauvre badaud qu'on appelle un poète
> Par tous les temps qu'il fait s'en va le nez au vent,
> Toujours fier et trompé, toujours humble et rêvant.
>
> . . .
>
> Vive le vieux roman, vive la page heureuse
> Que tourne sur la mousse une belle amoureuse!
> Vive d'un doigt coquet le livre déchiré,
> Qu'arrose dans le bain le robinet doré!
> Et, que tous les pédants frappent leur tête creuse,
> Vive le mélodrame où Margot a pleuré!

Women may be ignorant and vain, he continues, but they have an attribute which Plato declared to be the greatest on earth—beauty:

> Quand le soleil entra dans sa route infinie,
> A son premier regard, de ce monde imparfait
> Sortit le peu de bien que le ciel avait fait;
> De la beauté l'amour, de l'amour l'harmonie;
> Dans ce rayon divin s'élança le génie;
> Voilà pourquoi je dis que Margot s'y connaît.

(See 'Après une lecture', stanzas ii, v, vii and ix, *Poésies Nouvelles*)

11–14. Such preliminary addresses to the audience were common in the Shakespearean theatre, and in *A Midsummer-Night's Dream* (Act III, scene i) Bottom plans to put his prologue to the very use of which Musset makes fun here:

> *Starveling.* I believe we must leave the killing out, when all is done.
>
> *Bottom.* Not a whit: I have a device to make all well. Write me a prologue; and let the prologue seem to say, we will do no harm with our swords, and that Pyramus is not killed indeed; and, for the more better assurance, tell them that I, Pyramus, am not Pyramus, but Bottom the weaver: this will put them out of fear.

15-21. Musset might not have written this stanza with such an air of amusement if he could have foreseen the catastrophic opening night of his first play to be staged. When *La Nuit vénitienne* was presented to the public in December 1830, the audience refused to give a fair hearing to the delicate poetry of its lines. One of the main scenes managed to secure a momentary lull, but the advantage was lost when the heroine leaned against some wet paintwork and turned to face the house, her formerly white dress decorated now with a latticework of green paint. From that moment onwards the hubbub among the spectators drowned the actors' words completely, and no one other than the musicians in the orchestra pit had any chance of hearing the author's name when it was announced at the end of the play.

Epigraph. The quotation is from Schiller's *Don Carlos*, Act II, sc. viii. During the Summer holidays after Musset had left school, he wrote to a friend, 'Je ne voudrais pas écrire, ou je voudrais être Shakespeare ou Schiller' (Letter to Paul Foucher, 23 September 1827, p.11 in Séché's edition of Musset's correspondence between 1827 and 1857). On Schiller's influence see the article by J. Giraud cited above (p. 140), and E. Eggli, *Schiller et le romantisme français*, 2 vols, Gamber, 1927.

Scene i. The opening situation is not unlike a scene in Tirso de Molina's *El Burlador de Sevilla* (the original Don Juan play, 1630), where the hero is rescued from the sea.

29. An image such as this, using the language of the kitchen or the market transferred to the lips of a dramatic hero, was calculated to shock those of Musset's contemporaries who clung to the tenets of Classicism and so rejected any vocabulary in literature which did not belong to the world of polite society.

34-5. In Northern Europe during the Romantic period this was a typical conception of the Mediterranean lands, where intensity of passion was supposed to match the heat of the climate, if not its dependability. This image of the passionate South is by no means limited to the Romantics, but it is ideally suited to their literary requirements.

55-60 and 68-74. Through Rafael's words Musset depicts himself as he was at this age, knowing the full weight of the 'ennui' that sat so heavy on his generation, yet full of the buoyancy, capriciousness and freshness of youth. The sense of emptiness that Musset refers to in line 56 as the only constant occupant of his emotions was far from being a mere pose. In the famous second chapter of *La Confession d'un Enfant du Siècle* he analyses the malady which affected him throughout his life, a malady caused in part by the political and spiritual limbo of life in France after the national defeat at Waterloo in 1815:

Un sentiment de malaise inexprimable commença donc à fermenter dans tous les jeunes cœurs. Condamnés au repos par les souverains du monde, livrés aux cuistres de toute espèce, à l'oisiveté et à l'ennui, les jeunes gens voyaient se retirer d'eux les vagues écumantes contre lesquelles ils avaient préparé leurs bras. Tous ces gladiateurs frottés d'huile se sentaient au fond de l'âme une misère insupportable. Les plus riches se firent libertins; ceux d'une fortune médiocre prirent un état, et se résignèrent soit à la robe, soit à l'épée; les plus pauvres se jetèrent dans l'enthousiasme à froid, dans les grands mots, dans l'affreuse mer de l'action sans but . . .

Qui osera jamais raconter ce qui se passait alors dans les collèges? Les hommes doutaient de tout: les jeunes gens nièrent tout. Les poètes chantaient le désespoir: les jeunes gens sortirent des écoles avec le front serein, le visage frais et vermeil, et le blasphème à la bouche. D'ailleurs, le caractère français, qui de sa nature est gai et ouvert, prédominant toujours, les cerveaux se remplirent aisément des idées anglaises et allemandes; mais les cœurs, trop légers pour lutter et pour souffrir, se flétrirent comme des fleurs brisées. Ainsi le principe de mort descendit froidement et sans secousse de la tête aux entrailles. Au lieu d'avoir l'enthousiasme du mal, nous n'eûmes que l'abnégation du bien; au lieu du désespoir, l'insensibilité. (L'Intégrale, pp. 557-8.)

The description of the fan in lines 68-74 shows Musset's **Parisian** gift for matching the lightness and delicacy of his style to an exquisite object.

75-99. This speech shows the Romantic 'femme fatale' in the full spate of her fury, referring to her former lover as her prey, and intent on pursuing him to drag him down to death with her since his love has grown cold. Mario Praz devotes the whole of one chapter in *The Romantic Agony* to an analysis of 'la belle dame sans merci' in European literature during this period (op. cit., ch. 4), and, although the majority of Musset's heroines are of a far more wholesome nature than La Camargo, he was to give another example of the 'fatal woman' in 'La Coupe et les Lèvres'. Belcolore is the villainess of the piece:

> Voilà bien ce beau corps, cette épaule charnue,
> Cette gorge superbe et toujours demi-nue,
> Sous ces cheveux plaqués ce front stupide et fier,
> Avec ces deux grands yeux qui sont d'un noir d'enfer.
> Voilà bien la sirène et la prostituée;—
> Le type de l'égout;—la machine inventée
> Pour désopiler l'homme et pour boire son sang;
> La meule de pressoir de l'abrutissement.
> Quelle atmosphère étrange on respire autour d'elle!
> Elle épuise, elle tue, et n'en est que plus belle.
> Deux anges destructeurs marchent à son côté;
> Doux et cruels tous deux,—la mort,—la volupté.—
> Je me souviens encor de ces spasmes terribles,

De ces baisers muets, de ces muscles ardents,

De cet être absorbé, blême et serrant les dents.

S'ils ne sont pas divins, ces moments sont horribles.

Quel magnétisme impur peut-il donc en sortir?

Toujours en l'embrassant, j'ai désiré mourir. (Act iv, sc. i)

At least one of the women Musset admired was of this 'Medusan' type. The Princess Belgiojoso, according to the description of one of her acquaintances, Madame d'Agoult, created the same sort of impression as Belcolore:

Pâle, maigre, osseuse, les yeux flamboyants, elle jouait aux effets de spectre ou de fantôme. Volontiers elle accréditait certains bruits qui, pour plus d'*effet*, lui mettaient à la main la coupe ou le poignard des trahisons italiennes à la cour des Borgia. (*Souvenirs*, Calmann-Lévy, 1877, p. 357.)

Her reputation was enhanced when the police discovered in a cupboard at her Austrian villa the embalmed body of her young secretary and lover who had died of consumption and from whom she could not bear to part.

The world of Racine seems light-years away from such melodrama, but it is worth remembering that this same speech by La Camargo has sometimes put readers in mind of Hermione, passionately violent in her wounded pride and frustrated love:

Si je le hais, Cléone! il y va de ma gloire,

Après tant de bontés dont il perd la mémoire;

Lui qui me fut si cher, et qui m'a pu trahir!

Ah! je l'ai trop aimé, pour ne le point haïr! (Act ii, sc. i)

89–91. The image taken from bull-fighting is perhaps the only specific reference to La Camargo's Spanish blood. She was in fact born in Belgium in 1710, and spent most of her working life in France, where she died in 1770.

103–4. After the intensity of La Camargo's last lines, the flippant good sense of this Italian who is obviously a Frenchman, provides an anticlimax of comic relief.

113–16. At Musset's suggestion these lines were omitted from later editions because the first was thought to be too nauseating even for this horror-loving period.

144–5. La Camargo has the same instincts as Mérimée's supreme example of Southern violence incarnate in a 'femme fatale'; Carmen criss-crosses with knife-cuts the face of a girl who quarrels with her (ch. 3).

145. In Ariosto's *Orlando furioso* Bradamante was a bold heroine who rescued her lover from an enchanter (cantos ii–iv).

171–80. By the time he reads these lines, the reader knows that he is in the presence of one of Musset's collection of 'grotesques', caricatural figures such as Blazius and Bridaine in *On ne badine pas avec l'amour*,

Claudio in *Les Caprices de Marianne*, and the Prince of Mantua in *Fantasio*. By the end of his first scene on stage the abbé Annibal Desiderio has revealed himself as a pompous, touchy, comic *poseur*.

195–214. The unconscious comedy of the abbé's strutting and strumming is joined on the stage by Rafael's conscious wit. In his quickness to take up the abbé's words and make play with them, and in his flights of fantasy he already brings to mind Octave in *On ne badine pas avec l'amour* as well as Musset's master wit, Fantasio.

223. The unusual compound *s'ensauvent* is modelled on 's'enfuir', 's'envoler'.

236–54. From 1829 onwards Musset was well able to describe from experience the sort of riotous supper party whose preliminaries he depicts here and which is continued in scenes v and vii. Such evenings were part of the round of pleasure familiar to the 'golden youth' of Paris with whom he associated.

256. *quand ce sera mon pas*: that is, her call to take the stage for her next dance.

257–300. La Camargo's reflections clearly invite a comparison with Classical monologues and some of the lines in this passage (for instance, ll. 263–4) are taxed with having the slight stiffness that characterises a number of Corneille's less successful although carefully contrived lines.

Monologues such as this are rare in Musset's dramatic poems and plays. Even in *Lorenzaccio*, the historical drama on a grand scale which might easily have lent itself to the use of this device, there is only one example of any length—in Act III, sc. iii, where Lorenzo explains the reasons for his enigmatic behaviour. Other Romantics, however, tended to make their characters soliloquise quite frequently, Hugo in particular reaching magnificent heights of poetry in speeches such as the one Don Carlos makes at Charlemagne's tomb (*Hernani*, Act IV, sc. ii).

289–95. Of the two types of amorous feeling described here by La Camargo—the tepid affection of a fashionable affair and the depths of overwhelming passion—the Romantics to a man opted for the latter. Notice too the images of hallucination. Such imagery is a recurring motif in Musset's work, and reminds us of his own hallucinatory experiences. Probably the best known reference to these is Musset's own poem 'La Nuit de décembre' (*Poésies nouvelles*) where he describes how:

> Partout où j'ai voulu dormir,
> Partout où j'ai voulu mourir,
> Partout où j'ai touché la terre,
> Sur ma route est venu s'asseoir
> Un malheureux vêtu de noir,
> Qui me ressemblait comme un frère.

It was his reaction to a similar apparition that terrified George Sand when they were walking together in the forest of Fontainebleau one evening, and his housekeeper tells of a night towards the end of his life when he was haunted by the vision of an undertaker appearing repeatedly at the foot of his bed.

The picture in line 291 of a stream bearing along a man lost in dreams is used in a striking passage from *Les Caprices de Marianne* where Coelio comments on his life:

Malheur à celui qui, au milieu de la jeunesse, s'abandonne à un amour sans espoir! Malheur à celui qui se livre à une douce rêverie, avant de savoir où sa chimère le mène, et s'il peut être payé de retour! Mollement couché dans une barque, il s'éloigne peu à peu de la rive; il aperçoit au loin des plaines enchantées, de vertes prairies et le mirage léger de son Eldorado. Les vents l'entraînent en silence, et quand la réalité le réveille, il est aussi loin du but où il aspire que du rivage qu'il a quitté; il ne peut plus ni poursuivre sa route ni revenir sur ses pas. (Act i, sc. i).

299. A similar idea occurs in Byron's *Don Juan*:

Alas! the love of women! it is known
To be a lovely and a fearful thing;
For all of theirs upon that die is thrown,
And if 'tis lost, life hath no more to bring
To them but mockeries of the past alone,
And their revenge is as the tiger's spring,
Deadly, and quick, and crushing; yet, as real
Torture is theirs, what they inflict they feel. (ii, 199)

Some twenty years after writing the lines that La Camargo speaks, Musset explored in far greater depth the same theme. The heroine of *Carmosine* (1850) is suffering from an illness caused by her secret love for the king, and is saved only by the sympathetic intervention of the queen:

La Reine: . . . Combien j'en ai vu, des plus belles, des plus nobles et des plus sages, perdre leur jeunesse, et quelquefois la vie, pour avoir gardé de pareils secrets!

Carmosine: On peut donc en mourir, madame?

La Reine: Oui, on le peut, et ceux qui le nient ou qui s'en raillent n'ont jamais su ce que c'est que l'amour, ni en rêve ni autrement. Un homme, sans doute, doit s'en défendre. La réflexion, le courage, la force, l'habitude de l'activité, le métier des armes surtout, doivent le sauver; mais une femme! — Privée de ce qu'elle aime, où est son soutien? Si elle a du courage, où est sa force? Si elle a un métier, fût-ce le plus dur, celui qui exige le plus d'application, qui peut dire où est sa pensée pendant que ses yeux suivent l'aiguille, ou que son pied fait tourner le rouet? (Act iii, sc. viii).

305–37. In casually and flippantly relating to the abbé the details of his love affair with La Camargo, Rafael shows that he belongs to the caddish and Byronic, rather than the idealistic and chivalrous type of Romantic hero.

309–10. These lines serve as a fresh reminder of the common Romantic 'idée fixe' about Italy and the Mediterranean in general.

337–52. This character-sketch is a faithful portrait of Musset as Parisian society knew him at this time, with all the apparently capricious changes of mood which earned him the nickname of 'le prince Phosphore-de-Cœur-Volant'. Fantasio, in the play of the same name, is a far more detailed study of the type of personality outlined in this passage, and in Act I, sc. ii, in a brilliant extravaganza of fantastic wit masking world-weariness, he gives us perhaps one of the most revealing glimpses of Musset himself.

358–63. Music was one of the few pleasures in Musset's life that was never to fail him. He had a passion for Bach and Mozart, and even in his blackest moods could be coaxed from his room by the sound of his sister playing his favourite pieces.

The reference to Dante in line 361 is again to the *Divina Commedia*.

386. *escobard* (usually 'escobar') is a term used to apply to a sophist or quibbler since Pascal in the fifth of his *Lettres provinciales* fiercely criticised the casuistic writings of Antonio Escobar y Mendoza, a Spanish Jesuit (1589–1669).

418–21. The abbé's words have a splendidly melodramatic ring which can be found early in Musset's work but never, to my mind, in anything he wrote during his maturity.

493–502. Commentators have pointed out a certain similarity between these lines and those spoken by Hermione in *Andromaque* (Act IV, sc. iii), as she urges Oreste to murder Pyrrhus, who has rejected her love just as Rafael has grown cold towards La Camargo. Yet her bloodthirsty instructions as to what the abbé should do with Rafael's body are Romanticism at its most gory and are completely in line with the macabre horror that played a large part in 'le bas romantisme', even managing to filter into the works of the best known Romantic authors.

503. *Tu tressailles, Romain?* La Camargo is a Venetian and therefore, in Romantic eyes, capable of a degree of jealous hatred unknown in the rest of Italy, unless it were in Florence (see 'Portia', ll. 79–86).

505–6. Renaissance Italy with its stories of powerful priests with blood-stained hands was immensely popular in Musset's day. Cardinal Cibo, the most sinister figure in *Lorenzaccio*, does not stoop to murder within the confines of the plot in order to further his political machinations, but he gives the impression that he would be perfectly capable of having a convenient death arranged.

511–27. Those critics who trace the parallels between this scene and the comparable passage in *Andromaque* point out that Oreste too asks for more time to carry out the murder but that Hermione, unlike La Camargo, uses jealousy as a spur. There is clearly no comparison at all in the psychological depth of the two scenes, although in later years Musset's insight into character did in fact rival that of Racine, especially in his portrayals of women.

Scene vii, Rafael's song. Trivelin was the name of a cunning valet who first appeared in the performances of the Comédie Italienne in the second half of the seventeenth century. Scaramouche, a captain with little luck at arms, was also introduced into France by one of the players of the Comédie Italienne, Tiberio Fiorillo (1608–96) who may have invented the character. Later he transferred to the Théâtre de la Foire where, at the age of eighty-three, he was still agile enough to deflect a blow with his foot.

544. See *Hamlet*, Act iii, scene ii, where Shakespeare shows Hamlet sitting at Ophelia's feet during the performance of the strolling players.

546–7. In the first line of the song interpolated between these two lines, Musset is referring to Cnidus, a town in Asia Minor which was dedicated to the goddess of love and was famous for the temple it had raised to her.

550. In his last years Musset settled into a routine in which he daily turned to alcohol, not for pleasure but, as Rafael seems to do here, to dull the edge of a consciousness which he found unbearable. At eight o'clock most evenings he would arrive at the Café de la Régence and remain there, brooding over glasses of absinthe and Strasbourg beer until midnight struck.

571–80. There is a note of regret and almost of affection in the words Rafael speaks over Palforio's body, but this is overlaid by the same Byronic, callous flippancy which he shows in his treatment of La Camargo.

573. Pluto was the god of the underworld and of the dead in Classical mythology.

612–13. This is one of the very few indications that Musset gives of the dress his dramatis personae wear, although it was fashionable at the period to go into considerable detail about this aspect of local colour. See, for instance, Hugo's magnificent descriptions of costume in *Hernani* and *Ruy Blas*. Nevertheless, in the only two items of clothing he mentions here Musset creates a gaudy colour scheme that was bound to delight the Romantics and 'épater le bourgeois'.

631. Don Juan, who made his first literary appearance in Tirso de Molina's *El Burlador de Sevilla* (first published in 1630) was a favourite figure with the Romantics of many countries. During this period writers

including Mozart's librettist (da Ponte), Byron, Espronceda, Zorrilla, and Musset himself in *La Matinée de Don Juan* (1833) gave new versions of his story, usually varying his original nature to reflect nineteenth-century attitudes. Whatever the changes made, Juan remains the trickster to whom Rafael refers here.

634. *Machiavello* (a less usual form of Machiavelli's name) is applied in Italian to an unscrupulous person; it also means 'plot', 'trickery'.

644–5. Even Rafael's dying bequest seems to underline the importance of fantasy to him, both in his own nature and externalised in his jester.

646–60. In this descriptive passage Musset creates a night scene typical of the literature of his period, complete with a corpse and a reference to the rites of witchcraft. Hecate (l. 655) was in Greek mythology a goddess sometimes identified with the moon and later thought to preside over magic arts, appearing on moonlit nights at cross-roads with a retinue of ghosts and hell-hounds. Early portrayals show her as single in form, but later she was depicted with three bodies. Shakespeare too makes use of her in evocations of night. Puck, for instance, describes night in the forest where the owls screech:

> Now it is the time of night
> That the graves, all gaping wide,
> Every one lets forth his sprite,
> In the church-way paths to glide:
> And we fairies, that do run
> By the triple Hecate's team
> From the presence of the sun,
> Following darkness like a dream,
> Now are frolic . . .(*A Midsummer-Night's Dream*,
>
> Act v, sc. i)

664–93. Note this study of feminine capriciousness, and the suggestion of La Camargo's disappointment that Rafael's last words were not addressed to her. With the faithlessness that Musset loathed in women, La Camargo makes the ring an excuse for failing to keep her promise to the abbé. At this point again, comparisons can be made with *Andromaque*, where Hermione turns in fury on Oreste who has carried out the murder she ordered.

689–91. Shakespeare in his *A Midsummer-Night's Dream* is one of the authors that retell the tale of Pyramus who, thinking his sweetheart Thisbe has been killed by a lion, commits suicide. Thisbe reappears, and stabs herself beside his corpse. Several French operas and ballets make use of the same plot. In one of them, the 'tragédie lyrique' *Pyrame et Thisbé* first performed at the Opéra in October 1726 with words by Laserre and music by Rebel fils and Francœur, there is a dance tune known as 'l'air de la Camargo'.

693–6. Turning to the audience in traditional fashion to sum up the moral of the dramatic poem, the abbé rounds off the work with a splendid piece of flippant ba hos, totally different from the tragic frenzy of Oreste's last speech in *Andromaque*.

PORTIA

'Tous ceux qui avaient un cœur capable de passion,' writes Sainte-Beuve, 'relurent "Portia" et palpitèrent. Le noble Farcy en raffolait.' (*R.D.M.*, 15 January 1833. Georges Farcy was a writer who was killed in a riot near the Louvre in 1830.) The analysis which Sainte-Beuve makes of the poem leaves no doubt as to which aspect appealed most to readers in those days:

Ainsi, d'élans en élans, d'émotion en impiété, tout nous mène à la volupté enivrante de la nuit, au meurtre de l'époux, à la volupté encore, sur cette mer de Venise, où reparaissent voguant, pleins d'oubli, le meurtrier aimé et la belle adultère.

Like most of the works included in the *Contes d'Espagne et d'Italie*, 'Portia' reflects contemporary artistic fashion and contemporary influences, so that some critics see it as being modelled on Byron's narrative poems and on Casanova's memoirs, while others find memories of Shakespeare in the Venetian setting, the heroine's name and the Othello-like jealousy of her husband (although violent jealousy was almost a cliché in plots at this time). Sainte-Beuve himself had accused Musset of being a talented pasticheur, but later he made amends by writing that:

Son imagination, à l'origine, s'imprégnait sensiblement de ses lectures, le poème ou le roman qu'il avait feuilleté la veille n'était pas du tout étranger à la chanson ou au caprice du lendemain . . . mais certainement aussi il s'en est encore plus inspiré que souvenu; l'écho d'une pensée étrangère, en traversant cette âme et cet esprit de poète si français, si parisien, devenait à l'instant une voix de plus, une voix toute différente, ayant son timbre à soi et son accent.

(Letter to William Reymond 'sur le caractère de l'école romantique française', 2 November 1863. See *Nouveaux Lundis*, IV, p. 456).

Epigraph. This is taken from Schiller's *Don Carlos*, Act III, sc. ix (see above, p. 147).

20–3. Musset never married, but otherwise this description could perfectly well be applied to him as his last mistresses knew him, sometimes crazed by a jealousy which seemed to be rooted in the cynicism caused by his experience of debauchery. In *La Confession d'un Enfant du Siècle* (1836) he analyses this mental and emotional state on which he blamed the failure of his affaire with George Sand, but earlier writings show that he had been aware of the problem from a surprisingly early age.

45. *Prit* for 'reprit'; cf. ll. 59, 387.

79–86 and 134–42. One of the characteristics which most attracted the French Romantics to Italy and Spain was the ferocity of passions such as jealousy and revengefulness which they found there, both in Italian and Spanish literature and in a magnified form in the tales of returning travellers, such as the veterans of the Napoleonic campaigns. Luigi's words may well owe a debt to Shakespeare's *Othello* as well as to the general concept of Southern temperament in Romantic days. Musset was capable of reading Shakespeare in the original, but it seems more than likely that he would have formed part of the group of friends to whom Alfred de Vigny read his version of the play on 17 July 1829, and the phrases he heard then may have lingered in his mind. Vigny's Iago describes how:

> Cette pensée horrible empoisonne mon âme,
>
> Me dessèche le cœur, me dévore le sein;

and his Othello speaks of the choice which faces him:

> La source où je puisais et rapportais ma vie,
>
> M'en arracher moi-même et me la voir ravie,
>
> Ou bien la conserver lorsque son flot d'azur
>
> Est tout empoisonné comme un marais impur! (Act ii,
>
> sc. vii and Act iv, sc. x)

87–8. These lines have been criticised on the grounds that here Musset is allowing stylistic correctness and elegance to be overruled by his concern for ease and naturalness in his dialogue.

99–114. There is nothing original in the idea of comparing a woman to a flower or a fawn, but in these lines there is a tenderness, delicacy and freshness of vision which remained the keynote of Musset's attitude towards young girls throughout his writings, from *A quoi rêvent les jeunes filles* to *Carmosine*. Later in the poem Musset is still thinking of Portia in terms of flower imagery, as a blossom which has suddenly faded at the touch of an accursed hand (ll. 365–8), and it has been suggested that he may again have been thinking of Vigny's translation of *Othello*, where the Moor bends over the sleeping Desdemona before he kills her and says:

> . . . lorsqu'une main profane
>
> Vient de cueillir la rose, il faut qu'elle se fane.
>
> (Act v, sc. ii)

Another of Musset's favourite authors, Jean-Paul Richter, wrote similar words which Musset quotes in French in one of his *Revues fantastiques*: 'L'âme d'une jeune fille ressemble à une rose épanouie; arrachez une seule feuille de son calice, toutes les autres tombent aussitôt' ('Pensées de Jean-Paul', *Le Temps*, 6 June 1831).

111–12. Compare Vigny's version of *Othello*, Act iii, sc. iii: 'Envers moi? moi? perfide! à qui donc se fier?'

143–57. Church interiors with their rich colours, contrasts of dark shadow and flickering candles, and their potent atmosphere were a favourite set-piece in Romantic writings. Two other works published in 1830 by writers of genius spring to mind for the use they make of this theme—Stendhal in *Le Coffre et le revenant*, and Balzac in *L'Elixir de longue vie*, where he offers a canonisation ceremony which is Romanticism at its most flamboyant, full of delights for all the senses with richness of colour and texture, perfume, light, and the sound of the organ. Other literary examples at this period are legion, including Musset's own description of a Florentine church in *Lorenzaccio*, Act II, sc. ii, where one of his characters admires 'ces pompes magnifiques de l'Eglise romaine . . . Cette admirable harmonie des orgues, ces tentures éclatantes de velours et de tapisserie, ces tableaux des premiers maîtres, les parfums tièdes et suaves que balancent les encensoirs, et les chants délicieux de ces voix argentines'.

The sentiments expressed in ll. 154–7 were also widespread in literature at this time, when 'religiosity' was fashionable, stressing the emotional and aesthetic aspects of Christianity on which Chateaubriand had dwelt in *Le Génie du Christianisme* (1802).

173–4. Maurice Allem points out that it is highly unusual for sparks to be struck from the stirrups, however fast a horse gallops, although they may well fly from its hooves (Classiques Garnier edition of the *Premières Poésies*, note 87). Perhaps Musset had in mind flashes of light rather than actual sparks, but in any case these lines form part of a dashing picture of the typical Romantic hero riding towards his love at full speed, complete with dagger and streaming plume.

219–54. 'Don Paez' has already shown us that Musset was adept at depicting realistically a pair of lovers. Here too his description is realistic, as in the carefully observed detail of the way in which Portia looks at Dalti (ll. 223–7), but in this poem his heroine is not petulant and faithless but truly in love, and Musset invests this idyllic interlude in the plot with a poetry that recalls passages of *Romeo and Juliet*. The reader not only hears the couple's words but sees their attitudes so vividly that he feels he is looking at a painting. As in 'Don Paez' there is a Keatsian richness of appeal to the senses, especially in the play of light and darkness—the moonlight, the brilliant mirror in the shadowy room, the flowers which dazzle Dalti with their brightness. Against this background the two figures have the solidity of a Rodin sculpture.

255–96. The *Premières Poésies* were written at a time when the melodrama flourished, and when melodramatic elements were popular in all types of literature. For an author of this period Musset has very little truck with melodrama, and this passage, like parts of 'Le Saule', is one of the rare moments when he indulges in it—the sudden darkness as the lamp goes out; the figure of the wronged husband looming in the rekindled light, his hair grown suddenly white, his cavernous voice and motionless form recalling the ghostly Commendatore in the final act of Mozart's *Don Giovanni*, an opera which Musset admired intensely.

292–6. The inevitability of fate was another favourite theme of the Romantic Cénacle. As late as 1849 in 'Les Destinées' Vigny describes the goddesses who give his poem its name:

> Nous soulevons parfois leur doigt faux et cruel.
> La Volonté transporte à des hauteurs sublimes
> Notre front éclairé par un rayon du ciel.

> Cependant sur nos caps, sur nos rocs, sur nos cimes,
> Leur doigt rude et fatal se pose devant nous
> Et, d'un coup, nous renverse au fond des noirs abîmes.
>   (stanzas xxxv–xxxvi)

303–26. When he wrote 'Portia' Musset had not yet seen Venice, the city where he was to pass so many wretched hours, suffering first from a severe bout of malarial fever which permanently weakened his heart, and then from the discovery that George Sand, with whom he had fallen in love all over again as she nursed him, had given her affections to the physician who had attended him, Dr Pagello. As if this were not enough, George Sand used the pretext of his recent delirium to threaten him with imprisonment in a lunatic asylum if he used violence against her or her lover. The dread of being certified as mad during one of his many bouts of illness haunted Musset for the rest of his life, and it has been suggested that this may have been a reason for his refusal to marry.

As far as the first four lines of this canto are concerned, later editions scored immeasurably over the 1830 edition with the substitution of lines which introduced a personification of the Spring night as a carnival reveller, like Octave in *Les Caprices de Marianne*. The image has all Musset's characteristic ethereal charm:

> Une heure est à Venise,—heure des sérénades,
> Lorsqu'autour de Saint-Marc sous les sombres arcades,
> Les pieds dans la rosée, et son masque à la main,
> Une nuit de printemps joue avec le matin.

From the few facts he had learned about Venice, from general knowledge and perhaps from his familiarity with Italian art, Musset creates as attractive a picture as his cityscape of Madrid, and the stillness of the city and the water form an effective contrast with the slowly gliding boat.

334. Ecclesiastical figures were sinister in the eyes of the Romantic generation, haunted as its imagination was by memories of Lewis's *The Monk* and other immensely popular horror novels.

337–42. Musset writes with the cynicism which was fashionable among the Byronic young men of his generation.

365–8. The idea of the accursed hero, spreading disaster among those close to him, was a commonplace in contemporary literature. In Maturin's *Melmoth the Wanderer* (1820), an influential 'tale of terror', we read:

> Melmoth, as he spoke, flung himself on a bed of hyacinths and tulips. . . . 'Oh, you will destroy my flowers,' cried she. . . . 'It is my vocation —I pray you pardon me!' said Melmoth . . . 'I am commissioned to trample on and bruise every flower in the natural and moral world— hyacinths, hearts, and bagatelles of that kind, just as they occur.' (R. Bentley and Son, 1892, II, p. 309).

In the note on ll. 99–114 there is a reference to similar comparisons between women and flowers to the one Musset makes here. To these can be added a passage which he certainly knew, since it forms the second half of the stanza which provides the epigraph for the *Contes d'Espagne et d'Italie* as a whole. Byron writes:

> As those who dote on odours pluck the flowers,
> And place them on their breast—but place to die—
> Thus the frail beings we would fondly cherish
> Are laid within our bosoms but to perish. (*Don Juan*, III, 2)

375–83. Musset's interest in the lot of poverty-striken prostitutes or discarded mistresses can often be seen in his writings. See, for instance, *Mimi Pinson* (1845).

389–90. Compare the antithesis of this social disparity between lovers with Hugo's *Ruy Blas* (1838), where a lackey falls in love with a queen.

421–30. In *Lorenzaccio* Musset presents a full-scale study of an Italian city very similar in nature to the sketch of Venice he gives here. Like Venice, the Florence he describes in his play is corrupt but magnificent and beautiful. 'Que tu es belle, Florence, mais que tu es triste!' exclaims the Marquise de Cibo, looking over the city from her window (Act II, sc. iii), and the group of men setting out into exile at the end of Act I paint the same sort of picture of depravity as Dalti does in 'Portia':

> *Le premier (banni).* Adieu, Florence, peste de l'Italie! adieu, mère stérile, qui n'as plus de lait pour tes enfants!
> *Le second.* Adieu, Florence la bâtarde, spectre hideux de l'antique Florence; adieu, fange sans nom!
> *Tous les bannis.* Adieu, Florence! . . . Malédiction sur la dernière goutte de ton sang corrompu!

431–63. The barefoot boy with an education unusual for his social standing, who wanders, tormented with discontent, in the midst of the city's display of affluence is a true Romantic hero in the fashion of Hugo's *Ruy Blas*, the valet torn by the conflict between his low birth and the potential greatness he feels within himself.

Orphelin, par pitié nourri dans un collège
De science et d'orgueil, de moi, triste faveur!
Au lieu d'un ouvrier on a fait un rêveur.

. . .

Oh! quand j'avais vingt ans, crédule à mon génie,
Je me perdais, marchant pieds nus dans les chemins,
En méditations sur le sort des humains;
J'avais bâti des plans sur tout,—une montagne
De projets;—je plaignais le malheur de l'Espagne;
Je croyais, pauvre esprit, qu'au monde je manquais . . .—
Ami, le résultat, tu le vois:—un laquais! (Act i, sc. iii)

Just as characteristic of Romanticism is the narrated scene where Dalti sits staking everything on the throw of the dice, ready, if he fails, to hurl himself into the sea. Gambling and suicide recur again and again in the works of this period. See, for instance, in Russian literature Pushkin's *The Queen of Spades* (1834). In Musset's 'La Coupe et les Lèvres' the hero, Frank, also wins a fortune at the gaming tables, and he too shares with Dalti the tortured spirit of the young Romantic.

431–518. After reading these last pages of 'Portia', Stendhal wrote to a friend, describing how he had just discovered 'un grand et vrai poète, ce matin, pour six sous, au cabinet littéraire. C'est M. de Musset.' (See A. Paupe, 'Musset et Stendhal', *Le Censeur littéraire*, 11 May 1907).

CHANSONS A METTRE EN MUSIQUE ET FRAGMENS

Some of the best musical settings of these 'chansons' were written towards the end of Musset's life or after his death by composers of the standing of Gounod, Delibes and Lalo. Gounod, for instance, between 1840 and 1842 wrote music for 'Venise' and perhaps for 'Le Lever'. Lalo was venturesome in his choice of poem. 'Cette lune, que nul n'avait osé mettre en musique, il la prend hardiment avec les dents et en fait un petit chef-d'œuvre' (F. Noske, *La Mélodie française de Berlioz à Duparc*, Presses Universitaires de France and North-Holland Publishing Company, 1954, p. 213). Indeed, his setting of 'Ballade à la lune' has been compared to a *lied* by Hugo Wolf. A musician as great as Liszt (who gave Musset's sister piano lessons) found inspiration in the poet's work, but in such poems as 'Tristesse' (1840) rather than in the *Contes d'Espagne et d'Italie*.

Nearer the time when the 'chansons' were first published, they were associated with such composers as Hippolyte Monpou. Monpou, probably the first in the field, enraptured listeners with his music for 'L'Anda-louse' (September 1830), which made him famous. His version sold four thousand copies, in comparison with Beauplan's three hundred. The words of 'Le Lever' and 'Madrid' were soon being sung to Monpou's melodies, and Gautier describes the affinity between the musician and the Musset of the *Contes d'Espagne et d'Italie*:

> Nous nous souvenons encore d'avoir entendu Monpou chanter: 'Avez-vous vu dans Barcelone . . .' avec une verve endiablée, des poses et des gestes comme Hoffmann en donne à ses musiciens fantastiques . . . Il croyait comme nous aux sérénades, aux alcades, aux mantilles, aux guitares, aux castagnettes, à toute cette Italie et à cette Espagne un peu de convention mises à la mode par l'auteur de 'Don Paez', de 'Portia' et de 'La Marquesa d'Amaegui'. Il mettait sur ces couplets tapageurs, écervelés et hardis comme des pages, une musique étincelante et folle, pleine de cris bizarres et de portements de voix à l'andalouse, qui nous plaisait fort.

Bourgeois drawing-rooms witnessed him making just as powerful an impact as that he produced on Romantic writers and artists, but here the reaction was tempered with alarm:

> Quand il s'asseyait au piano, l'œil en feu, la moustache hérissée, il se formait autour de lui un cercle de respectueuse terreur: aux premiers vers de 'l'Andalouse', les mères envoyaient coucher leurs filles et plongeaient dans leurs bouquets, d'un air de modeste embarras, leur nez nuancé des roses de la pudeur. La mélodie effrayait autant que les paroles! Peu à peu, cependant, l'on finit par s'y faire; seulement, on substituait 'teint' à 'sein' bruni, et l'on disait: 'C'est la maîtresse qu'on me donne . . .' au lieu de: 'C'est ma maîtresse, ma lionne . . .' qui paraissait, en ce temps-là, par trop bestial et monstrueux.

Monpou was such a passionate seeker for inspiration in contemporary poetry, adds Gautier, that 'tout Alfred de Musset y avait passé.' (See Gautier, *Histoire du Romantisme*, 1874, pp. 254 ff.)

Epigraph. These words are spoken by Suzanne to Chérubin in Act II, sc. iv of Beaumarchais's *La Folle Journée ou le Mariage de Figaro* (1784).

Barcelone

Paul de Musset tells us that this poem, which has the title of 'L'Andalouse' in later editions, was one of the works Alfred composed in order that he should have something to contribute to the evenings at the Arsenal when new writings were tried out on the gathering of authors, painters and musicians (L'Intégrale, p. 22). In choosing an Andalusian beauty as his subject, Musset takes a figure as popular in the Romantic gallery of fashionable types as the bandit and the gypsy, and stanza iii shows that, like Juana in 'Don Paez', she conforms to the usual blue-print for beauty. In those days the Andalusian woman had as glamorous an image in men's imaginations as the Hollywood star projected in part of the twentieth century. In a short story typical of the period, the manager of a group of French actors travelling in Spain is so overwhelmed by the beauty of Córdoba that he stops before an empty house to sing, firmly believing that he is serenading a beautiful Spaniard veiled in a mantilla, with dark eyes, alabaster skin, hair of ebony and exquisite hands:

> Tu ne sais pas . . . ce qu'il y a de volupté dans l'amour tel qu'on le fait en Espagne! Non, tu n'as jamais eu pour maîtresse une Andalouse qui aime avec fureur, qui vous mord, qui veut vous poignarder, qui vous enivre de caresses! . . . toutes nos divinités d'opéra ne valent pas ensemble la moitié d'une Espagnole! (P. Jacob, *Medianoches*, 1833, I, p. 216).

No doubt the company baritone who was urging him on fully agreed with this opinion, as did the hero of a story by an extremely popular novelist, Paul de Kock. In *Un Parisien dans l'Andalousie* a Frenchman sets out on a search for the ideal Andalusian and several early pages are no more than a panegyric full of exclamations such as:

> Ah! qu'elles sont belles! qu'elles sont séduisantes, agaçantes, voluptu-euses, les femmes d'Andalousie! C'est là qu'il faut être aimé pour con-naître toutes les jouissances de l'amour! pour savoir à quel point une femme peut porter cette passion! (P. de Kock, *Œuvres*, 1839, III, pp. 3–5).

Set to music by Amédée de Beauplan and by Hippolyte Monpou, the song was a great success with the young people of 1830, artists and grisettes alike, especially in Monpou's version (see above, pp. 160-1). Balzac refers to Musset's Andalusian girl (see *La Maison de Nucingen*, p. 650 in volume V of the Pléiade edition of *La Comédie humaine*), and Labiche in *Un Chapeau de paille d'Italie* (Act I, sc. iv) takes the poem as a theme for his variation.

4. *lionne* was hardly an appellation which a French suitor would have applied to his beloved in the Classical period, but it was very well suited to a certain type of Romantic heroine. It will be remembered that at rehearsals of *Hernani* Hugo had difficulty in persuading the actress playing Doña Sol to be daring enough to address the hero as 'mon lion superbe et généreux' (Act III, sc. iv).

5. This line at first read 'La marquesa d'Ameoni' or 'Amaëni', to form a 'rich rhyme' with 'bruni', and Musset is said to have made the change to 'd'Amaëgui' as a gesture of impatience with what seemed to him an undue concern for rhyme on the part of the Romantics. Sainte-Beuve comments that 'sa ballade "Andalouse", en certains endroits, était très-bien rimée, il l'a *dérimée* après coup de peur de montrer le bout de cocarde' (*Causeries du Lundi*, Garnier, XI, p. 466). A little later, in the 'dédicace' which precedes 'La Coupe et les Lèvres', Musset makes his views on rhyme absolutely clear. In a passage which is quoted in full in the introduction to this edition (p. 10), he declares himself an independent

as far as this aspect of versification is concerned, and pokes fun at his fellow authors who, intent on perfecting their 'rich rhymes', seem more interested in a poem's form than in its thought-content.

18. *basquiña*: the top skirt traditionally worn by Spanish women. This and the mantilla mentioned in line 23 were the items of Spanish dress most familiar to foreigners.

40. Tolosa is the former capital of Guipuzcoa in the north of Spain, and the river Guadalete flows into the sea in southern Spain, not far from Cadiz.

Le Lever

This piece, written in 1829, was again a great success, and it has been suggested that Maxime du Camp was thinking of this poem when he recounted in his *Souvenirs littéraires* (1882-3, 1, p. 96) that 'Nous avions tous chanté le *Réveil*, l'*Andalouse*.' Taking the form of an aubade, the song has the gaiety and colour of illustrations to a mediæval manuscript, and reminds us that the Middle Ages were as popular a subject as the Renaissance with the Romantic group. Later, in the preface to his play set in the mediæval Rhineland, Hugo was to speak of 'ce qu'il y a de neuf, d'extraordinaire et de profondément intéressant pour nous, peuples nés du moyen âge, dans cette guerre des titans modernes' (*Les Burgraves*, 1843), and Musset may well have heard him reciting in 1828 several poems with themes taken from the Middle Ages. (See, for instance, 'Le Pas d'armes du Roi Jean' and 'La Chasse du Burgrave', published in *Odes et Ballades*.)

2. *Isabelle* is probably 'isabelle' ('light-bay'), rather than being the horse's name.

Madrid

The city that appears in these stanzas is as artificial and as delicate as a confection of spun sugar. Cliché follows cliché, with allusions to serenades, the bull-fight, a 'dueña', to the Mass used partly as a social occasion. The heroine is inevitably Andalusian, although the setting is Madrid, and just as inevitably the only possible way for a lover to enter her house is through the window. Musset seems to juggle with this collection of picturesque 'idées reçues' for pure enjoyment, adding for good measure a resounding Romantic antithesis, 'C'est un vrai démon: c'est un ange!', and a bizarre commentary on his heroine's complexion (l. 29) calculated to shock all of his readers except those who belonged to the vanguard of Romanticism. The last stanza stresses that the keynote of this song is frivolity. Love here is an affair of sweetmeats and compliments, not of the violent passions of 'Portia' or 'Don Paez'. In his description of this Andalusian's love-making (ll. 31-6) Musset again draws an image from the animal world to apply to his heroine, and such an image as would not have been tolerated before the coming of Romanticism. Classical beauties were more likely to be described in terms of an idealised pastoral world or of the more conventional flowers than as supple adders.

Madame la Marquise

Just like the previous 'chanson', this poem is addressed to a traditional Andalusian beauty, and lines 1–24 form a charming love-song. The next three stanzas, however, suddenly introduce a note far more serious and personal than the frivolous fantasy of 'Madrid'. For the first time, in lines 25–36, we hear the anguished tone that inspires some of Musset's greatest poetry in the *Poésies nouvelles*. Notice how his first disappointment in love, to which he refers here, causes a reaction which was to be tragically repeated throughout his life, later disappointments proving more disastrous as their recurring pattern destroyed his hope of a happier, long-lasting experience of love. Already in lines 29–32 he hints at the weariness with life that made his last years wretched and which, as far as he was concerned, was very far from being a fashionable pose. It seems likely that the unhappiness that prompts these verses sprang from the first two occasions on which he was disillusioned in love. These two events, following close on each other's heels, were enough to embitter any young and impressionable man. The first woman with whom, so far as we know, he fell seriously in love betrayed his trust by using him merely as a 'chandelier', a decoy to prevent her husband discovering the man with whom she was having a serious affair. On a second occasion Musset is said to have stooped at a dinner-party to retrieve his fallen napkin and to have seen that the Marquise de la Carte, who pretended to return his affection, was busy entwining her leg around that of Jules Janin, Musset's friend who was sitting next to her.

37–40. In these lines Musset skilfully makes the transition back from his personal grief to the light tone of the earlier stanzas, mingling sadness and flippancy in a way which occurs again and again in his later publications and in his correspondence.

41–4. Here Musset adds to his poem the engaging mock formality of archaic language, and continues its use into the first two lines of the next stanza, where he omits the first person pronoun before 'bercerai'.

Quand je t'aimais

This short poem, like the middle section of the previous one, is in the personal vein in which Musset was to reach an even higher level of greatness than the brilliance he shows in the *Contes d'Espagne et d'Italie*. Like the previous poem again, it refers to the woman who first introduced

Musset to feminine deception. It seems that biographers who refer to her as Madame Groisellier or Groselliez were mistaken, since in posthumous editions of Musset's works his brother Paul supplied the title 'A Madame B.' to this poem. Alfred's sister, Hermine Lardin de Musset, is even more cautious. In an unpublished letter she volunteers the information that the woman in question was blonde and that it would be pointless to name her. (See Maurice Allem's introduction to his edition of the *Premières Poésies*, Classiques Garnier, p. xii). From Paul we do at least know that 'Madame B.' was 'une personne de beaucoup d'esprit, excellente musicienne, railleuse, coquette et atteinte d'une maladie de poitrine incurable.' (See the 'L'Intégrale' edition, p. 22).

10. Not only in childhood but throughout his life, Musset suffered from nightmarish visions.

Au Yung-Frau

In this poem Musset shocked the critics, whether consciously or not, by addressing the Jungfrau as masculine. Mountain landscapes had inspired few pleasurable feelings in French minds until such pre-Romantics as Rousseau, joined by Wordsworth and other Lake poets, by Byron in *Manfred*, and then the French Romantics themselves, aroused interest in them as instances of the sublimity of nature. Sometimes Musset's contemporaries depict mountainscapes as peaceful as the scene at dawn Lamartine describes in *Jocelyn* (1836), but in general painters and writers alike preferred them to be wild, gloomy and tormented by storms, reflecting their own favourite emotional key. Musset does not seem to have visited Switzerland until 1834, when he fled to Basle in an unsuccessful attempt to forget George Sand, but he returns to an Alpine setting in the lyrically described background to 'La Coupe et les Lèvres', and in his 'nouvelle', *Emmeline*.

A Ulric G.

Ulric Guttinguer was twenty-five years older than Musset, but the age-gap did not prevent him from becoming one of the poet's few close friends. In 1829, the year they met in the social circle of Parisian dandies, Guttinguer invited the younger man to spend some time with him at his house in Saint-Gatien-les-Bois, near Honfleur, and it was during this stay that Musset wrote these lines to him. For a time Guttinguer's life was full of the turbulent love-affairs to which the poem refers, but later, when his own life grew more settled, he became one of Musset's counsellors, warning him against excessive indulgence in alcohol and advising him, since he refused to marry, to choose one mistress with whom he could establish a lasting relationship. Musset would have been only too happy if he could have followed both pieces of advice, but unfortunately not even his closest friends could solve the personal problems which made this impossible for him. In these lines he shows the characteristic eagerness to savour all the experiences of life which made another of his friends, the editor Prosper Chalas, comment in 1828 on 'cette vivacité aux plaisirs du monde, cet air de jeune poulain échappé' (*Biographie*, L'Intégrale, p. 22). Note in particular his preoccupation with the suffering caused by love, on which he touches in 'Don Paez'.

2. In later editions *héros* became *hérons*.

6. The fallen angel was a favourite figure with the Romantics, appearing in such poems as Vigny's 'Eloa' (1824) and Lamartine's *La Chute d'un ange* (1838). In 1836 Chateaubriand published his translation of Milton, whose Satan in *Paradise Lost* acquired a new popularity during this period.

Venise

After Alfred's death, Paul de Musset attached the date of 1828 to this poem, in which critics have seen a likeness to Victor Hugo's manner in the poetry which he was writing at this period and which was to be published in *Odes et Ballades* and *Les Orientales*. It has been suggested that Musset's enthusiasm for a city he had not as yet seen may have been due in some part to his reading of Byron, especially *Marino Faliero*, *The Two Foscari*, 'Ode to Venice', and canto IV of *Childe Harold*. Casanova's memoirs too may have helped to shape his conceptions of the city. (See E. Estève, *Byron et le romantisme français*, Hachette, 1907, p. 423, note 1.)

When Gounod set the poem to music (see p. 160), Musset wrote the following variation for him:

> Sous la brise amoureuse
> La Vanina rêveuse
> Dans son berceau flottant
>   Passe en chantant;
>
> Tandis que pour la fête
> Narcisse qui s'apprête,
> Met, devant son miroir,
>   Le masque noir.
>
> Sur la mer nonchalante
> Venise l'indolente
> Ne compte ni ses jours
>   Ni ses amours.
>
> Car Venise est si belle,
> Qu'une chaîne, sur elle

> Semble un collier jeté
> Sur la beauté.

(La Petite Revue, 15 July 1865)

Again Musset returns to the Romantics' dream city, and creates a picture as attractive in colour, form and light as a painting by Canaletto. He may have scorned what seemed to him the excessive concern of Hugo's group with 'rich rhyme', but here he uses it himself with considerable effect in pairs of words such as 'antiques' and 'portiques', 'escaliers' and 'chevaliers', heightening the almost hypnotic impression made by the short, lilting lines. Lines of six syllables more commonly combine with a longer line, such as the alexandrine, than with a four-syllabled line as here. The Renaissance, however, provides at least one famous example of the stanza form we find in 'Venise', since Ronsard used it in 'De l'Election de son Sepulchre' (*Odes*, IV, IV), and later in the nineteenth century Verlaine produces very much the same musical, rocking effect as Musset from a stanza of the same composition:

> Mystiques barcarolles,
> Romances sans paroles,
> Chère, puisque tes yeux
> Couleur des cieux . . .

('A Clymène', Fêtes galantes, 1869)

1. Various explanations have been given for Musset's choice of the word *rouge* to apply to Venice. It has been suggested that he might have had in mind, perhaps from his knowledge of Italian paintings, the overall impression that the colour of Venetian buildings makes, or that he was thinking of the city's bloodstained reputation, as Byron was when he wrote 'In purple was she robed' (*Childe Harold*, canto IV, l. 17) and 'Thou den of drunkards with the blood of princes' (*Marino Faliero*, Act V, sc. iii); see P. E. Crump (ed.), *Alfred de Musset. Poèmes choisis*, Mod. Lang. Texts, Manchester U.P., 1931, pp. 115–6.

2. Musset remembered later that there are no horses in Venice, and in the edition of 1840 he amended the line to *Pas un bateau qui bouge*.

5–8. The winged lion, emblem of the Venetian republic, stands on a granite pillar on the Piazetta, opposite a second pillar carrying a statue of St. Theodore of Heraclea with one foot resting on a crocodile. Steps lead down from the Piazetta to the lagoon where the boats are moored.

9–24. These four stanzas illustrate, as 'Don Paez' does, how often Musset's images vivify inanimate objects. Here ships become sleeping birds and the moon partly covered by a cloud is compared to an abbess adjusting her cape. For some suggestions about this type of image in Musset's theatre see my article, 'Imagery in the plays of Alfred de Musset', *French Review*, January 1963.

13–14. These lines and the following stanza evoke a misty atmosphere reminiscent of Verlaine, with his preference for 'la chanson grise' and for nuance rather than colour. (See Verlaine's 'Art poétique', written in 1874 and published ten years later in *Jadis et naguère*). The musical quality of the verse also brings Verlaine to mind.

22–36. Although Musset had not yet visited Italy, he would have had no difficulty in culling from his general knowledge these topographical references to the church of Santa Croce (*Sainte-Croix*) which stood where the Papadopoli Gardens now are, to *les blancs escaliers / Des chevaliers* (probably the 'Scala d'Oro', built by Sansovino and originally reserved for the 'Nobili' whose names were written in the 'Golden Book'), and to the Arsenal, one of the largest buildings in Venice.

39. *muguet*: a term formerly used for a gallant or dandy.

48. In later editions the typographical error was corrected and the line read: *En s'endormant*.

53–6. As in 'Les Marrons du Feu', *folie* appears not only to rhyme with *Italie* but almost to be used as a synonym for it, and the following two lines make it clear that it is the madness of love which is in question.

58. This reference to the 'doge', the traditional ruler of Venice, adds to the small number of foreign words used by Musset as 'local colour'.

Stances

It is Paul de Musset in his Edition Les Amis du Poète who supplies the dated of 1828 for this poem. Here we find a scene just as popular in literature at this time as the hot-blooded Mediterranean world of 'Portia' or 'Les Marrons du Feu'. Lonely valleys, ruins of ancient buildings, lightning and stormy winds raging through an autumnal landscape, echoing spiral staircases, gothic arches—all these were favourite elements in Romantic description and fitted in especially well with those plots which took the English horror novel as a model. In 'Le Saule' Musset creates an even more potent atmosphere of this type in his descriptions both of landscape and of the heroine's gothic home:

> Mais à peine au château quelques clartés encore
> S'agitent çà et là.—Le silence,—l'effroi.—
> Quelques pas, quelques sons traversent la nuit sombre;
> Une porte a gémi dans un long corridor.—
> Tiburce attend toujours.—Le ravisseur, dans l'ombre,
> N'a-t-il pas des pensers de meurtrier?—Tout dort.

(canto IV)

33–40. After the stormy gloom of the earlier stanzas, these last lines glow with the rich colours that Keats might have used, although only two specific colour-words appear in the stanza. Notice too how even in this short space Musset suggests the play of light in the scene that he describes.

Sonnet

Unlike most of the poems in the volume, this sonnet has its setting not in some Romantic dream-world but in the world of Musset's own experience and observation, the world of the French country-house and Paris itself. Like 'Quand je t'aimais' it is devoted entirely and openly to his own feelings and not to those of fictitious characters. The sonnet form, scarcely ever used in the eighteenth century, was still rare in 1830. Neither Vigny nor Lamartine practised it, and Hugo's sonnets are few. However, Musset and Sainte-Beuve both handle this verse-form with skill, and in the works of the Parnassians later in the century it regained some of the splendour associated with it in the Renaissance.

Musset's short stories show at far greater length how pleasingly he could describe the French *château* and its surrounding countryside. In *Margot*, published in 1838, he gives a delightful picture of life in and around a house which he is said to have based on childhood memories of a holiday near Viarmes. One of the last episodes takes place at the point of the year where the sonnet begins, and Musset's description in prose is as effective as that in verse:

> Dès que le soleil fut levé, elle descendit dans le parc. Cette année-là, l'automne était superbe; les feuilles, déjà jaunies, paraissaient comme dorées. Rien ne tombait encore des rameaux, et le vent calme et tiède semblait respecter les arbres de la Honville. On venait d'entrer dans cette saison où les oiseaux font leurs dernières amours. (L'Intégrale, p. 742)

Nevertheless Paris never lost its pride of place at the centre of Musset's affections, and as he grew older it became more and more difficult for his friends and relations to persuade him to leave the sweltering city in summer for the sake of his health.

Musset has been acclaimed as one of the great French sonneteers (see, for instance, J. Suberville, *Histoire et théorie de la versification française*, Editions de l'Ecole, 2nd ed., n.d., p. 229), and we see here how skilfully he uses the last line and a half to introduce a new and unexpected note, a 'punch line', just as Shakespeare occasionally does. Critics cannot agree over the identity of the fickle mistress whom Musset addresses here, and Maurice Allem points out how unimportant as well as difficult a piece of detective work this would be when dealing with a young poet who admitted himself that he fell in love as easily as he caught cold.

2-3. Observe the realistic notation of colour and perfume.

9. The tonality again brings Verlaine to mind.

Ballade à la lune

With this composition, one of the most famous of Musset's poems, written according to Paul de Musset in 1829, Alfred succeeded in the unlikely feat of scandalising both Romantics and Classics alike. The torrents of adverse criticism in the press seem to have caused this 'enfant terrible' of contemporary literature considerable amusement. In the opening lines of 'Les Secrètes Pensées de Rafaël' he conjures up a hilarious picture of his baffled critics, giving them a distinct family likeness to the 'grotesques' in his theatre:

> O vous race des dieux, phalange incorruptible,
> Electeurs brevetés des morts et des vivants;
> Porte-clefs éternels du mont inaccessible,
> Guindés, guédés, bridés, confortables pédants!
> Pharmaciens du bon goût, distillateurs sublimes,
> Seuls vraiment immortels, et seuls autorisés;
> Qui, d'un bras dédaigneux, sur vos seins magnanimes,
> Secouant le tabac de vos jabots usés,
> Avez toussé,—soufflé,—passé sur vos lunettes
> Un parement brossé, pour les rendre plus nettes,
> Et, d'une main soigneuse ouvrant l'in-octavo,
> Sans partialité, sans malveillance aucune,
> Sans vouloir faire cas ni des ha! ni des ho!
> Avez lu posément—la Ballade à la lune!!!

It was over the first stanza, added as an afterthought to the original draft, that the storm broke most fiercely, and, just as Elgar is said to have wished that he could have disowned the embarrassingly popular march *Pomp and Circumstance*, Musset would surely have been glad not to be known in some circles for the rest of his career as 'l'auteur d'un point sur un i'. It is certain that his more mature works were undervalued because some of his public constantly expected him to be as amusingly audacious as in 'Ballade à la lune', and reacted with disappointment to any more serious offerings. In the second half of the twentieth century, when bizarre imagery is commonplace, it is difficult to understand the furore caused by the simile which came into Musset's head, so his sister tells us, as he was walking through the Bois de Boulogne and caught a glimpse of the moon suspended over the church spire at Auteuil. In those days of aesthetic upheaval the public was sometimes faced with the same problem it encountered later when confronted with Dadaism, the problem of knowing whether a work was meant to be taken seriously at its face value or not. Musset left his reviewers in no doubt, when 'Les Secrètes Pensées de Rafaël' was printed in the *Revue de Paris* on 4 July 1830, that his poem with its famous image had been offered to them light-heartedly, and that the author was highly diverted at the weighty consideration they had given to it:

> Maîtres, maîtres divins, où trouverai-je, hélas!

Un fleuve où me noyer, une corde où me pendre,
Pour avoir oublié de faire écrire au bas:
«Le public est prié de ne pas se méprendre» . . .
Chose si peu coûteuse et si simple à présent,
Et qu'à tous les piliers on voit à chaque instant!
Ah! povero, ohimè!—Qu'a pensé le beau sexe?
On dit, maîtres, on dit qu'alors votre sourcil,
En voyant cette lune, et ce point sur cet i,
Prit l'effroyable aspect d'un accent circonflexe!

It has been suggested that the poem may owe something to Lemierre's *Fastes* and to Chénier's *Bucoliques*. However this may be, it is likely that Musset would have read canto I of Byron's *Don Juan*, and remembered the lines:

The devil's in the moon for mischief; they
Who call'd her chaste, methinks began too soon
Their nomenclature; there is not a day,
The longest, not the twenty-first of June,
Sees half the business in a wicked way
On which three single hours of moonshine smile —
And then she looks so modest all the while.

The 'ballade' traditionally consists of three ten-lined stanzas each with ten syllables, to which is added an 'envoi' of five lines. An alternative form has three 'huitains' of eight-syllabled lines and a four-line 'envoi'. The 'double ballade' of six 'dizains' or 'huitains' can also be found and Villon, perhaps the greatest exponent of the 'ballade', sometimes used yet a different form. Frowned on by the Pléiade, the 'ballade' was taken up in the seventeenth century by poets such as La Fontaine, and in the nineteenth century by the Romantics (as, for instance, in Hugo's *Odes et Ballades* of 1826) and then by the Parnassians. The Romantics tended not to use the 'ballade à forme fixe', and we see in this poem of Musset's the 'quatrain hétérométrique' of lines that have the pattern 6 6 2 6, a pattern repeated later by Gautier in his *Emaux et Camées*:

Les dieux eux-mêmes meurent,
Mais les vers souverains
Demeurent
Plus forts que les airains. ('L'Art', ll. 49–52)

Later editions of Musset's poem include an additional nine stanzas.

1–4. The colouring in this stanza is in itself a parody of a Romantic trait, a trait of which Musset again makes fun in 'Namouna', canto I, stanza xxiv. Passages such as stanzas 3–5 of canto IV in Hugo's 'Le Feu du Ciel' (*Les Orientales*) illustrate the way in which some Romantics revel in colour. In these eighteen lines of Hugo's we have 'un sphinx de granit rose', 'un dieu de marbre vert', 'les cailloux blancs', 'les obélisques gris', 'le Nil jaune', 'le ciel rougeâtre', and 'les flots vermeils'.

5–8. This arresting image from puppetry brings to mind an even more striking one that Musset draws from the world of show business. In *Les Caprices de Marianne* Octave compares his whole life to the progress of a tight-rope walker:

> Figure-toi un danseur de corde, en brodequins d'argent, la balancier au poing, suspendu entre le ciel et la terre; à droite et à gauche, de vieilles petites figures racornies, de maigres et pâles fantômes, des créanciers agiles, des parents et des courtisans, toute une légion de monstres, se suspendent a son manteau et le tiraillent de tous côtés pour lui faire perdre l'équilibre . . .   (Act i, sc. i)

17–20. Touches of the macabre supernatural such as this were the height of fashion in a period influenced by English and German Romanticism, a period which delighted, for instance, *E. T. A. Hoffmann*. Musset makes one of his rare excursions into this region with the ending of one of his 'contes', *Les Frères Van Buck. Légende allemande*, published in 1844:

> Du fond de la vallée, dans le crépuscule, une forme vague sembla tout à coup se détacher et s'avancer vers eux. Elle montait lentement la colline, et à mesure qu'elle approchait, les fils reconnaissaient leur mère. Au moment où le spectre parut entièrement visible et reconnaissable, celui qui était debout, par un suprême effort, quitta la place où il était cloué, et alla se jeter dans les bras de celui qui gisait à terre. Ainsi tous deux, couverts de sang et de larmes, expirèrent dans un dernier embrassement. (L'Intégrale, p. 812)

38, 45–52. In Greek mythology Phoebe, also called Artemis, the twin sister of Apollo, was the goddess of wild nature and of childbirth. She was identified with the moon, and the Romans fused worship of her with that of a similar Italian goddess, Diana, whose festival was celebrated on the Ides (the 13th) of August, the time of the Summer full moon. Diana is often portrayed as a huntswoman with a pack of hounds at her heels.

44. Musset may mean 'dispossessed of its beauty', or perhaps he has in mind a royal brow without its crown.

53. In the copy I have used (on loan from the Bibliothèque municipale, Bordeaux) *doute* has been replaced in pencil by *broute*, which improves the sense; *doute* continues to be printed.

59. *prées* is the old feminine form of 'prés'.

61–8. These stanzas refer to two stories in Classical mythology, the first telling how Acteon came upon Diana bathing, was turned into a stag and killed by her hounds. (See Ovid, *Metamorphoses*, iii, 138–252). The second of the stanzas refers to Endymion, a shepherd whom Diana kissed as he lay sleeping. This tale, told by Theocritus in his *Idyll* (xx), inspired Keats to write *Endymion*.

77. It seems that Musset is parodying the liberties some Romantics took with inversion. A certain d'Arlincourt, for instance, went to extreme lengths with this device, to the extent that he was known as 'le vicomte inversif'. His first and probably his best novel was *Le Solitaire* (1821), whose countless inversions did not deter translators from giving versions of it in six languages.

97–100. These lines which, with a slight variation, open and close the poem, have an original ring, heralding a very modern type of poetry developed later by the Symbolist, Laforgue, and perhaps reminding twentieth-century readers of Giraudoux's poetic prose.

MARDOCHE

It will be remembered from the introduction to this edition (p. 8) that 'Mardoche' was written during three weeks that Musset spent with his uncle in Le Mans during the Summer of 1829, and that he was spurred on to compose it by a promise from the publisher, Urbain Canel, to print the *Contes d'Espagne et d'Italie* if another five hundred lines could be supplied to make the volume the right size. Since publication represented to Musset liberation from what he considered almost a prison sentence in the office where he worked, the alacrity with which he produced more than the required number of lines is hardly surprising. Yet the added lines, with their sparkling humour and felicity of expression and technique, are far from suggesting that their production was carried out in undue haste or looked on as forced labour. (In the event, the 410-line version published in 1830 did not include the 18 stanzas numbered xxii–xxxix in later editions.)

As far as the versification of 'Mardoche' is concerned, Musset wrote to his uncle:

Tu verras des rimes faibles. J'ai eu un but en les faisant, et sais à quoi m'en tenir sur leur compte; mais il était important de se distinguer de cette école *rimeuse*, qui a voulu reconstruire et qui ne s'est adressée qu'à la forme, croyant rebâtir en replâtrant . . . Quant aux rythmes brisés des vers, je pense qu'ils ne nuisent pas dans ce que l'on peut appeler le récitatif, c'est-à-dire la *transition* des sentiments ou des actions. Je crois qu'ils doivent être rares dans le reste. Cependant Racine en faisait usage. (No. viii in *Correspondance* . . ., ed. Séché, pp. 22–3).

Epigraph. Rabelais was popular with the Jeunes-France of Musset's day, as he had been with Chateaubriand, and such writers as Gérard de Nerval, Michelet, and Hugo himself were among his admirers.

4 Since the first *Journal de Paris* appeared in 1777 there had been a series of newspapers bearing that title. At the time when Musset wrote 'Mardoche' the current publication was called *La France nouvelle, nouveau journal de Paris*, whose life lasted from June 1829 till June 1833. The *Journal de Paris* was very widely read, and to say that Mardoche had never read it means that he did not trouble himself in the least about day-to-day events around him.

5. Edmund Kean (1787–1833) was a star of the British stage, and was among the actors who came to play Shakespeare in Paris in September 1828. Alexandre Dumas *père* used his life as the subject for a play, *Kean, ou désordre et génie* (1836).

6. Prince Clement-Wenceslas Metternich-Winneburg (1773–1859) was the famous Austrian statesman who arranged the marriage of Marie-Louise to Napoleon I, and who later became, under the constitution of the Holy Alliance, one of the most powerful men in Europe.

7–9. Phoebus is another name for Apollo, the Greek god of the sun, just as his twin sister Phoebe (see above, p. 172) was the goddess of the moon.

It will be remembered that when Hugo and other members of the Cénacle had spent the evening discussing literature, listening to new works being read aloud, or dancing to Marie Nodier's piano accompaniment, they would sometimes leave the Arsenal to climb the towers of Notre Dame and watch the sun setting over the Seine and the city of Paris. These walks inspired Hugo to write the poems grouped under the heading 'Soleils couchants' in his *Feuilles d'automne* (1831), but Sainte-Beuve seems to have found the excursions boring (see Edmond and Jules de Goncourt's *Journal*, ii, p. 73) and there is a hint of amusement in the way Musset refers to them. In his *Le Cénacle de Joseph Delorme (1827–1830)*, I: *Victor Hugo et les poètes* (Mercure de France, 1912), Léon Séché quotes a letter from Musset to Hugo apologising for not joining him on one occasion in climbing the towers of the cathedral.

11–12. Alfred and Paul thought that they were descended indirectly from Joan of Arc's niece, Catherine du Lys, but research has shown that, although Denis de Musset, one of their ancestors, married Marie de Villebresme (sister or cousin of François de Villebresme, the husband of Catherine du Lys), Marie died after four years of marriage, leaving one daughter, and that it was through Denis de Musset's second marriage that the family line continued. See le baron de Mandres, 'Généalogie complète de la famille de Musset', *Le Mussetiste*, January–April 1919.

14. English dogs and horses, as well as all manner of English customs, were fashionable in France at this time.

16. The 'spleen', as Byron among others knew it, was the English

equivalent of 'l'ennui' which, as part of the 'mal du siècle', is analysed by Musset in the second chapter of *La Confession d'un enfant du siècle*. It tormented many of his generation, and was adopted as a fashionable pose by others. 'Spleen' was to be one of the dominant themes in Baudelaire's *Les Fleurs du Mal* (1857) and in much late nineteenth-century poetry.

20. This is a reference to Musset's own rhyme in scene ii of 'Les Marrons du Feu' (41–2). When this stanza was read aloud to the Cénacle it provoked a discussion about rhyme. When Emile Deschamps argued that a rhyme should be made up of three letters, Hugo broke in:
Comme celle-ci?

> Ici gît le nommé Mardoche
> Qui fut suisse de Sainte-Eustache
> Et qui porta la hallebarde;
> Dieu lui fasse miséricorde.
>
> (Adèle [Mme Victor] Hugo, *Victor Hugo raconté par un témoin de sa vie*, Brussels, A. Lacroix Berboeckhoven, 1863, i, pp. 87–8)

20–1. The way in which Musset divides a sentence between stanzas here, as he does elsewhere in the poem, was enough to outrage many of his early readers and to stamp him as one of the most extreme of the Romantic avant-garde.

21–4. Those of Musset's generation who liked to dabble in 'le bas romantisme' and the world of the horror novel took pleasure in surrounding themselves with macabre objects such as he describes here. Mario Praz describes how the aesthetic theory of 'the Horrid and the Terrible' which had been taking shape in the eighteenth century reached a climax in the following century (op. cit., pp. 27–8), and in France the 'roman-charogne' was as popular as the 'roman moyen-âge' during the early nineteenth century. In his edition of a selection of Musset's works Joachim Merlant reproduces a print entitled 'Un festin de Jeunes-France' which shows three contemporaries of Musset's round a table, and bears the legend 'Un maintien d'homme, debout, devant une table brute, pour plat, assiette et verre, le crâne d'une maîtresse, le tibia d'un ami pour couvert, un poignard pour couteau, puis des aliments communs et la tristesse au cœur' (*Musset. Morceaux choisis*, 2nd ed., Didier, 1924, fig. 19).

26–9. As early as 1827, Musset wrote to Paul Foucher: 'Je suis soûl, las, assommé de mes propres pensées.' For an illustration of the state of premature boredom with the world in which Musset, like Mardoche, found himself, see the whole of this letter (*Correspondance*, ed. Séché, pp. 11–14), and also, once again, chapter two of *La Confession d'un Enfant du Siècle*.

38–40. Musset is referring to the war which began in 1821 when the Greeks rose in rebellion to free themselves from the rule of the Turks under their sultan, Mahmoud II. This was the struggle during which Byron lost his life in Greece, and which aroused considerable interest in France. See, for instance, Hugo's poem 'L'Enfant grec', published in *Les Orientales* in 1829, the year in which 'Mardoche' was composed. Seven years earlier, in *Héléna*, Vigny had published his poem 'L'Urne'.

41. Paros is one of the largest islands of the Cyclades in the Aegean Sea, and was formerly famous for its fine white marble. Musset probably had the Elgin marbles in mind, for an interest in Greek sculpture was part of the Romantics' renewed enthusiasm for all things Hellenic which contributed to the revival of Racine's plays in the late 1830s and the 1840s. Rachel, the actress whom Musset admired, owed some of her success to her portrayal of Racinian heroines.

54. The boulevard de Gand (later the boulevard des Italiens) was so named because it had been a favourite meeting-place for those who had followed the king to exile in the Belgian town of Ghent (Gand) during 'les Cent-Jours', the interval between 20 March and 28 June 1815 when Napoleon returned to power.

59–60. See Sainte-Beuve's lines published in 1829:

> Et ma mère à son tour mourra; bientôt moi-même
> > Dans le jaune linceul
> Je l'ensevelirai; je clouerai sous la lame
> Ce corps flétri, mais cher, le reste de mon âme . . .

('Les Rayons jaunes'; Sainte-Beuve, *Vie, poésies et pensées de Joseph Delorme*, ed. G. Antoine, Nouvelles Editions Latines, 1956, p. 70)

61. Goods seized by legal authority were auctioned at the Châtelet.

70. Musset is mocking the educational system of his day, with its stress on Latin verse composition—a reminder of how close he still was in age to the school-room.

90. Even declarations of love were more 'à la mode' if made in English during this period.

91. Autumn in Paris seems, understandably, to have been a theme dear to Musset, as his sonnet 'Que j'aime le premier frisson d'hiver!' shows.

119. Prometheus, in Classical mythology, was the son of Titan and the brother of Atlas. Legend tells that, after shaping the first men from clay, he stole fire from heaven to bring them to life and was punished by being fastened to a rock in the Caucasus, where a vulture pecked at his liver until Hercules set him free.

122. Dante Alighieri (1265–1321) was inspired in many of his writings, including his *Vita nuova*, by his idealistic love for Beatrice Portinari.

la Guiccioli: the Countess Teresa Guiccioli, who left her elderly husband to become Byron's mistress. Byron is said to have loved her more deeply than any other woman, and she remained faithful to his memory long after his death.

129. Giorgione (1478–1510), a Venetian, painted landscapes and figures in a way which created an atmosphere of ethereal gaiety. Musset, attracted towards these qualities in the paintings with which he was to infuse his writings, possessed a copy of Giorgione's *Concert champêtre* (Louvre).

131–2. The audaciousness of the 'rejet' underlines that of the sentiment expressed.

153–4. The allusion is to a shop at no. 18, rue Neuve Saint-Augustin, whose hats and dresses drew the most fashionable Parisian clientèle.

157–8. *quartier* is a term used to denote each degree of noble descent in an aristocrat's ancestry, as well as referring to the moon. The conceit of the German nobility is satirized by Voltaire in *Candide* (1759), whose heroine can boast seventy-two 'quartiers'.

170–1. This bold 'rejet' was guaranteed to set reactionary readers' teeth on edge.

188–9. Panoramas were large, circular representations of a landscape or townscape in perspective which attracted a great deal of interest in the Paris of 1830. In Montmartre there is still an arcade called the 'passage des Panoramas' which used to lead to one of these displays.

192. Tortoni's café-restaurant, 14 boulevard des Italiens, was one of the favourite meeting-places for high society in Musset's time. 'Grisettes' who happened to be in funds were also to be found there, as Musset shows us at the end of his short story *Mimi Pinson*. Earlier in the tale Mimi had been reduced to selling her only dress to a pawnshop in order to help a starving friend. In the concluding lines the days when she had to scuttle to Mass wrapped in a curtain are over, as her two student friends see as they pass Tortoni's:

La silhouette de deux jeunes femmes, qui prenaient des glaces près d'une fenêtre, se dessinait à la clarté des lustres. L'une d'elles agita son mouchoir, et l'autre partit d'un éclat de rire. (L'Intégrale, p. 810)

201. Meudon, not far from Versailles, was famous for its castle, whose gardens were designed by Le Nôtre.

205–6. These lines sound like an echo of some of Voltaire's arguments which made other philosophers of his day label him as 'cause-finalier'.

212. Meudon was a favourite country spot for picnics until well into the nineteenth century.

228. In this further touch of irony Musset is mocking the common conception of a poet as a lunatic.

230. Nieces often kept house for priests.

251-60. Musset seems to have been mistaken in thinking that Beau Brummel (1778-1840), a famous dandy, waged war on white waistcoats. On the contrary, he is said to have worn one regularly as part of his evening wear. Louis Maigron in *Le Romantisme et la mode* (Champion, 1911) quotes a contemporary comment on dandies' fashions:

> Quelques-uns même de ces jeunes gens ont tout simplement un caleçon qui épouse les mollets, les genoux et les cuisses; et comme ces caleçons sont parfois bleu d'azur, gris d'argent, ou violets comme une soutane d'évêque, le spectacle ne laisse pas d'être divertissant. On dirait que certaines des pièces nouvelles ont envoyé dans la rue leurs figurants. (pp. 64-5)

Musset himself favoured such outfits, and a guest who saw him at a party given by Alfred de Vigny describes him as wearing a frock coat with a velvet collar reaching to the waist and tightly fitting sky-blue trousers (J. Olivier, *Souvenirs*, 1830, p. 14).

259. A moustache was essential for the young man-about-town who wished to cultivate a modish look.

261. 'Les *merveilleux*' was a name given about the year 1795 to those who followed the extremes of fashion.

267-8. The nine muses, daughters of Jupiter and Mnemosyne, were born at Pieria, a name given to one of the slopes of Mount Olympus, and were to be found sometimes on Mount Helicon and sometimes on Mount Parnassus. Mount Helicon had twin peaks and three famous springs, one of which Hippocrene, had been brought into being by Pegasus, the winged horse, stamping his hoof.

299-300. Musset supplied a note explaining that the *dards légers* were pins. In *Les Jardins, ou l'art d'embellir les paysages* (1782) Delille wrote of:

> Des milliers de ces dards, dont les pointes légères
> Fixent le lin flottant sur le sein des bergères.

301-10. In this stanza Musset gathers together in a charming invocation the essential ingredients of a certain type of Romantic literature, ingredients which he had already used in 'Don Paez' and 'Portia'. His gifts of poetic expression infuse the balconies, the masks, the silken mantles and the moonlit gardens with a Mozartian freshness and attractiveness which makes them seem far from hackneyed.

313. It was the mode at this date for fashionable young men to imitate the mysterious-looking Spanish custom of walking about 'embozado', that is, with one arm holding up the folds of the cloak so that the face was half hidden.

334-8. Paul de Musset, in the introduction to his edition of his brother's work (Edition des Amis du Poète), tells us that Alfred is referring to an incident which occurred when he visited Rouen and Le Havre in 1829 with Ulric Guttinguer.

340. Beaumarchais first shows the Count Almaviva as Rosine's suitor in *Le Barbier de Séville* (first performed in 1775), and then in *Le Mariage de Figaro* (first performed in 1784) as the neglectful husband who pursues her maid, Suzanne.

365. Tea-drinking was one of the many English customs copied by Parisian society of the day.

380. Musset was a great admirer of Mozart's *Don Giovanni*, the operatic version of Tirso de Molina's original play on the Don Juan theme, *El Burlador de Sevilla y Convidado de Piedra*. Towards the end of the opera the statue of the Commander slain by Don Juan appears in the doorway to bring him to divine justice. Molière too gave his version, as many other writers have done, and it may have been the title he used—*Dom Juan ou le festin de pierre*—which was in Musset's mind when he wrote this line.

381. *Pechero* should be read as *pechère* ('lackaday'), an adaptation of the Provençal 'pécaïre'.

386–9. Throughout his works Musset shows himself adept at comic descriptions such as this.

393–4. Lesage's novel *Gil Blas* began to appear in 1715, but the first complete edition was not published until 1747. Crébillon fils (Claude Crébillon, 1707–77) was a novelist who favoured licentious themes, and 'monsieur de Faublas' figured in *Les Amours du Chevalier de Faublas* (1787–9), a libertine novel by Jean-Baptiste Louvet de Couvrai.

SELECT BIBLIOGRAPHY

EARLY EDITIONS

Poésies d'Alfred de Musset, Brussels, E. Laurent, 1835.
Poésies complètes, Charpentier, 1840.
Premières Poésies, Poésies nouvelles, Charpentier, 1852, 2 vols. The 1854 re-issue was the last edition to appear during Musset's lifetime.
Œuvres complètes, ed. P. de Musset. Edition dédiée aux Amis du Poète, Charpentier, 1865–6, 10 vols.

MODERN EDITIONS

Premières Poésies, 1828–1833, introd. by F. Baldensperger, notes by R. Doré, *Œuvres complètes*, I, Conard, 1922.
Premières Poésies, ed. A. Piot, Editions de Cluny, 1937.
Poésies complètes, ed. M. Allem, Bibliothèque de la Pléiade, Gallimard, 1957.
Premières Poésies, 1829–1835, ed. M. Allem, Classiques Garnier, 1958.

CRITICISM

V. Brunet, *Le lyrisme d'Alfred de Musset, étudié dans les 'Premières Poésies', les 'Poésies nouvelles' et les œuvres posthumes*, Toulouse, Imprimerie régionale, 1932.
G. Falconer, 'La genèse de "Mardoche" ', *Revue d'Histoire Littéraire de la France*, janvier–mars 1965, pp. 47–69.
A. H. Greet, 'Humor in the poetry of Alfred de Musset', *Studies in Romanticism*, Spring 1967, pp. 175–92.
R. S. King, 'Indecision in Musset's *Contes d'Espagne et d'Italie*', *Nottingham French Studies*, October 1969, pp. 57–68.
Y. Le Hir, 'L'expression du sentiment amoureux dans l'œuvre poétique d'Alfred de Musset', *Le Français Moderne*, juillet 1955, pp. 175–90, octobre 1955, pp. 265–79, janvier 1956, pp. 15–34.